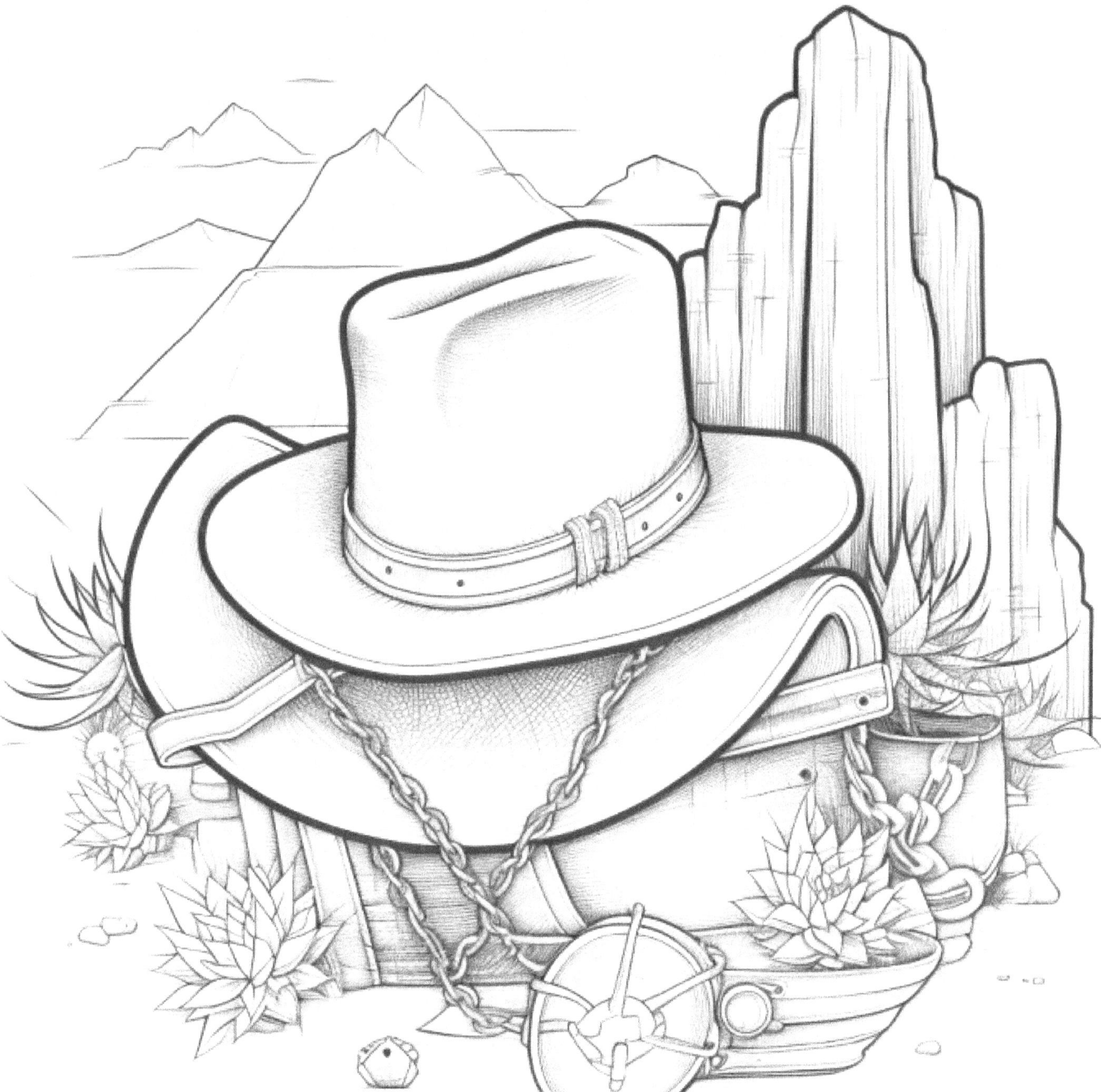

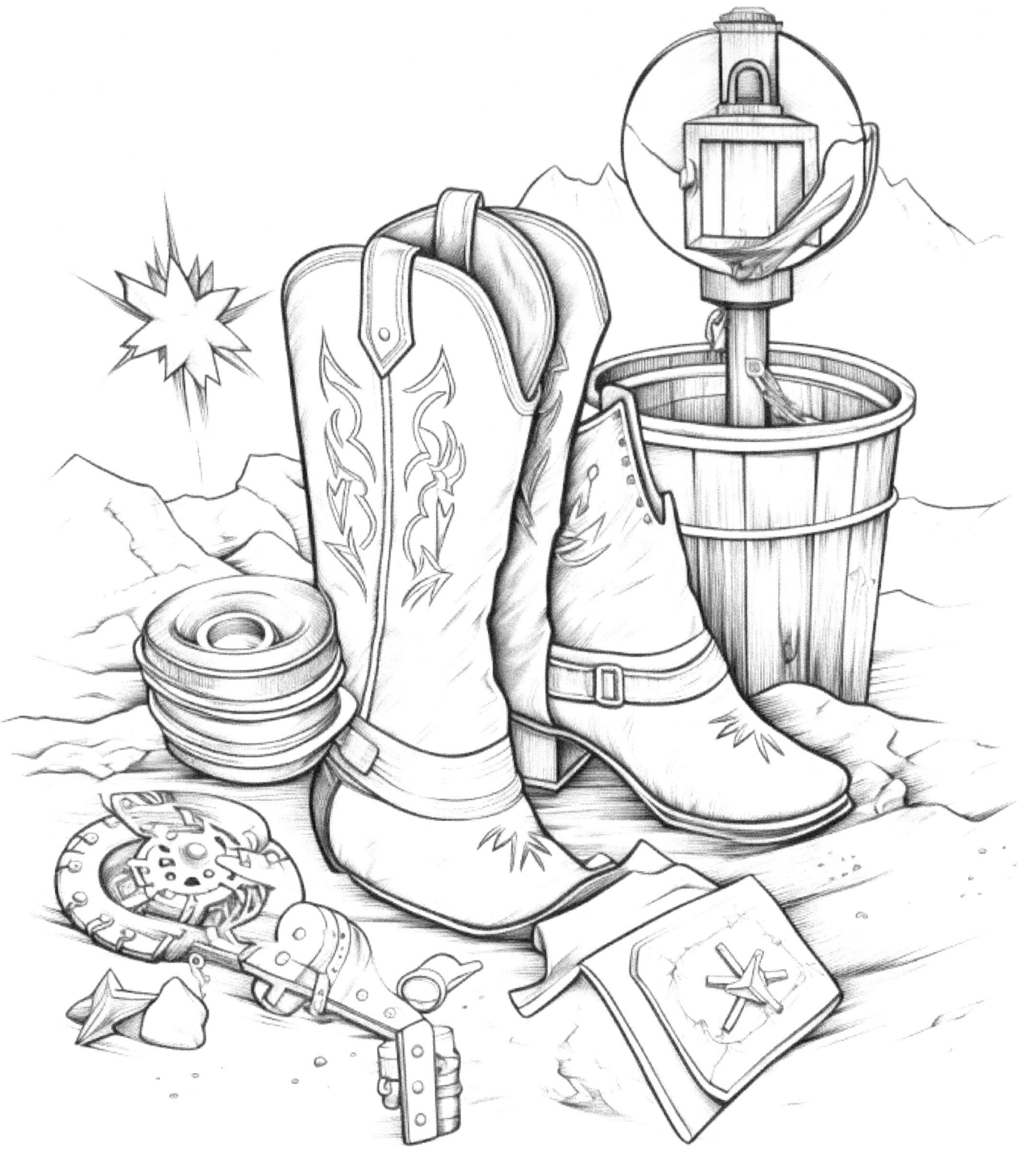

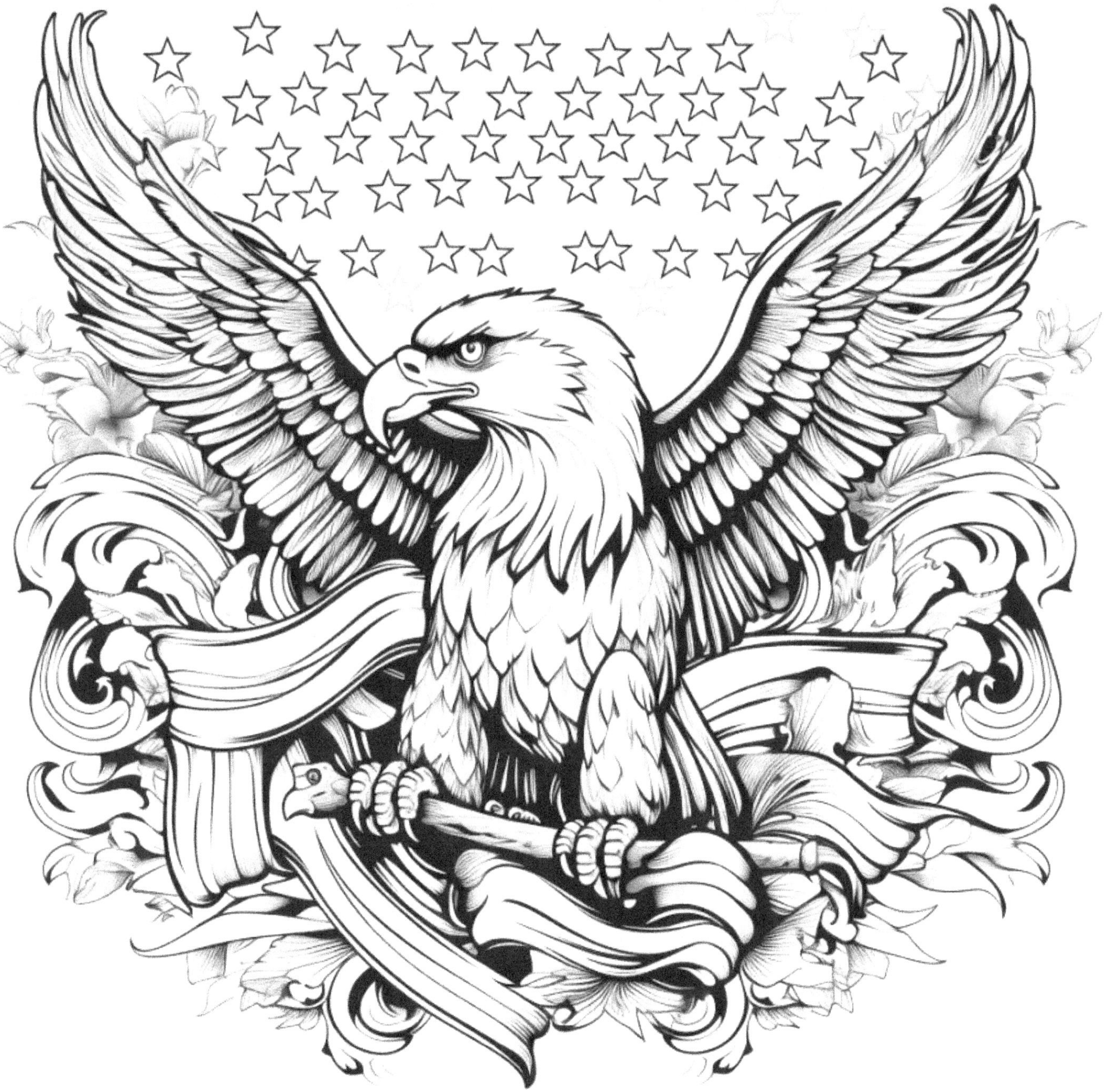

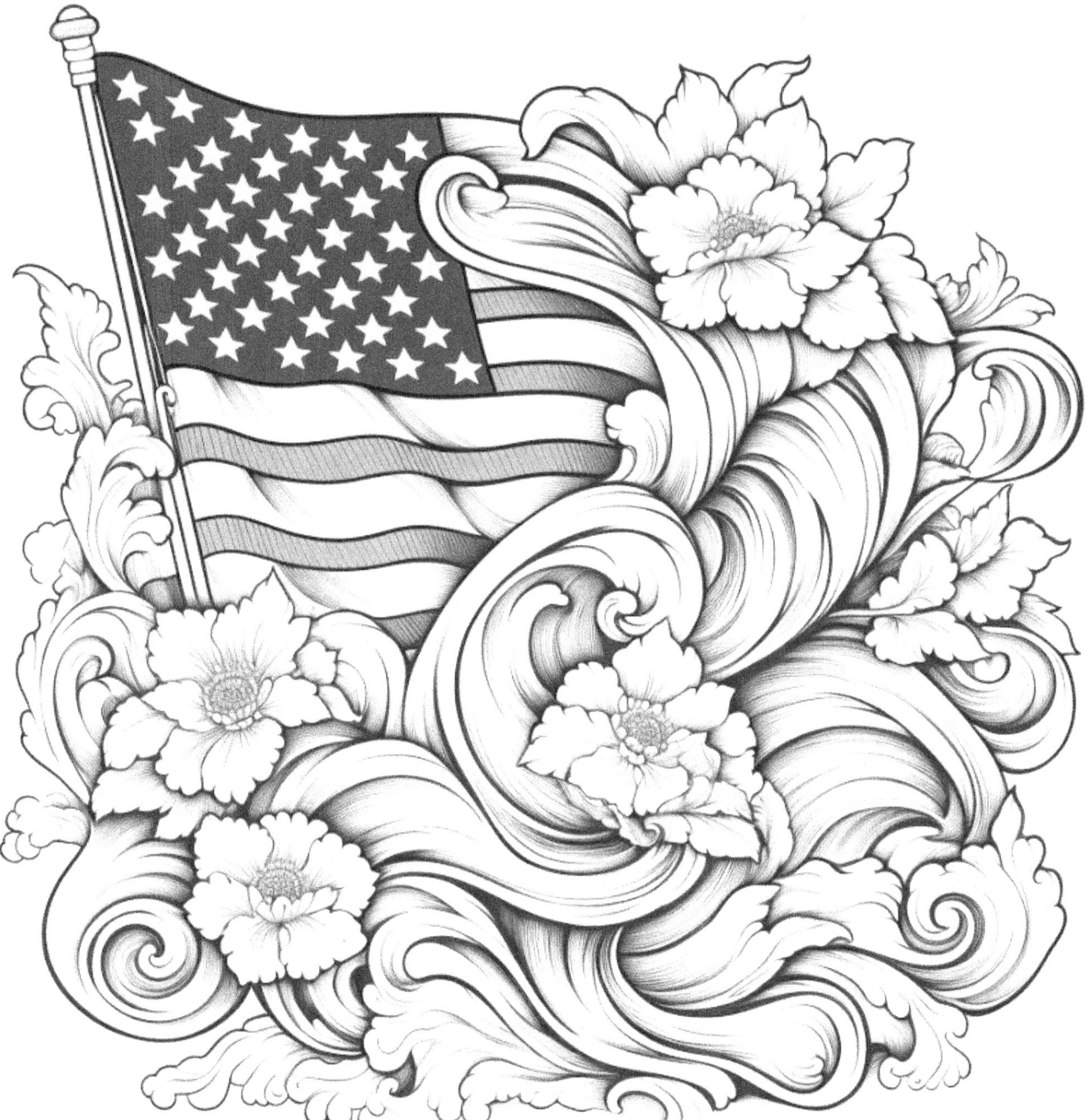

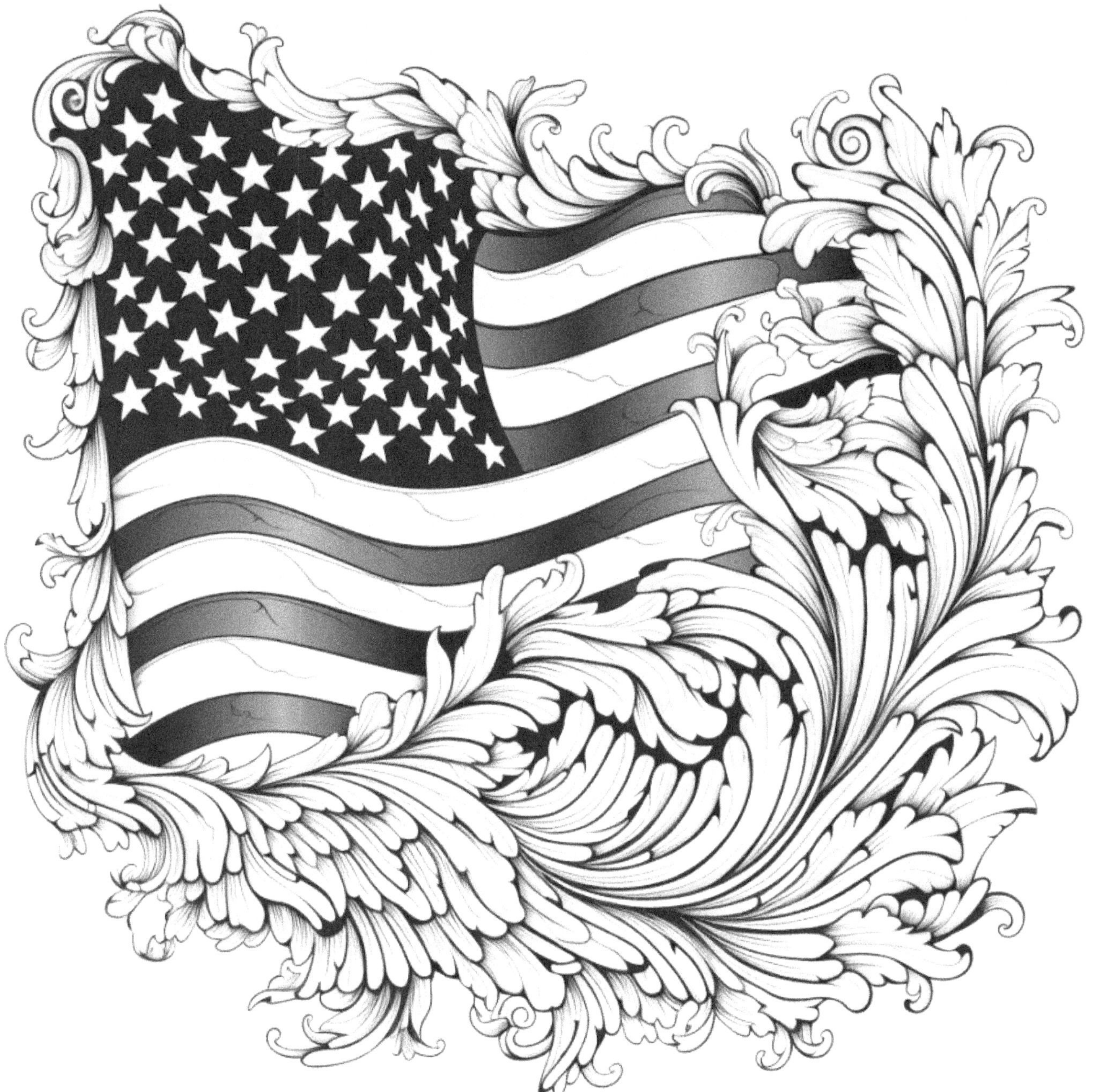

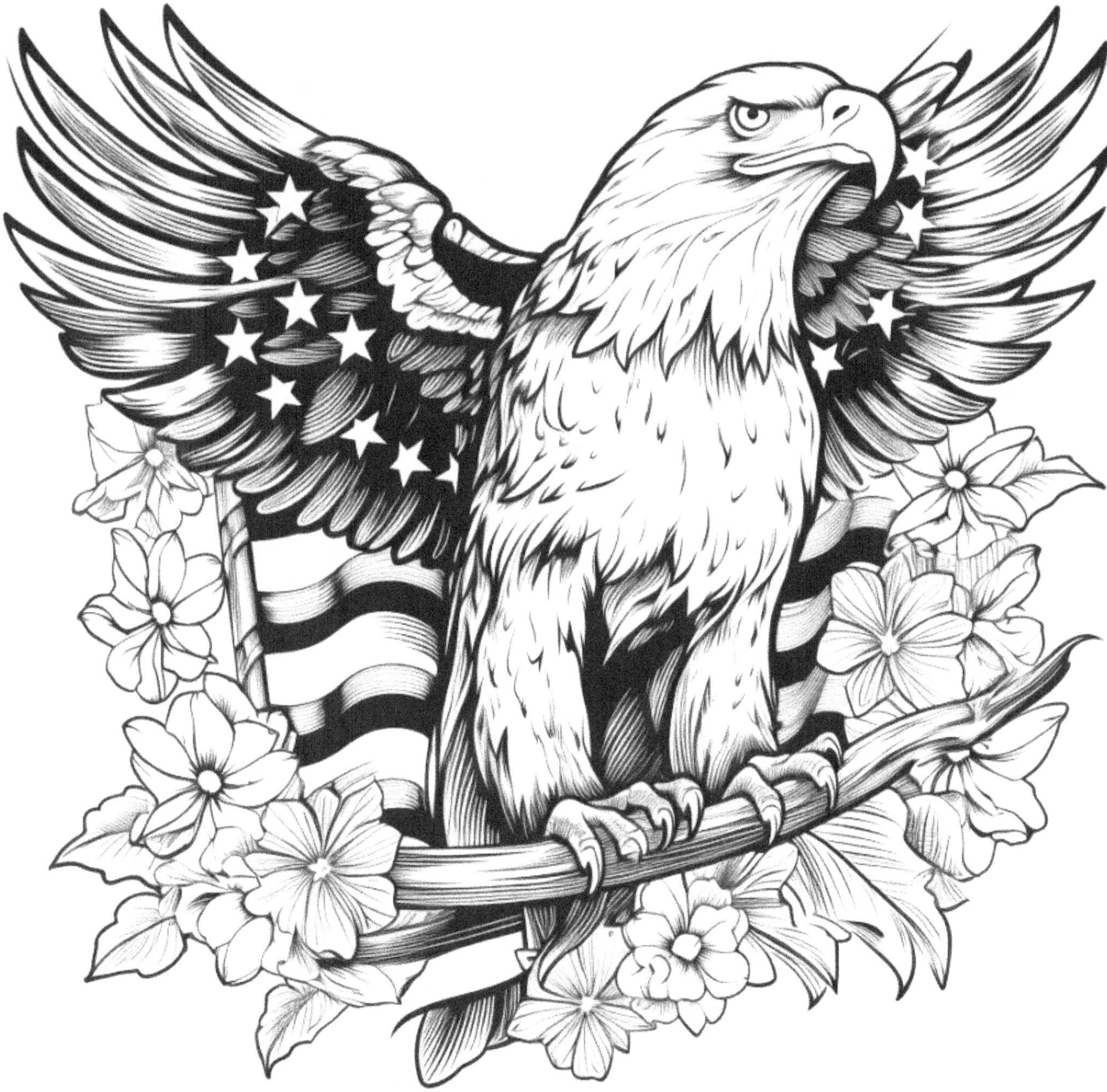

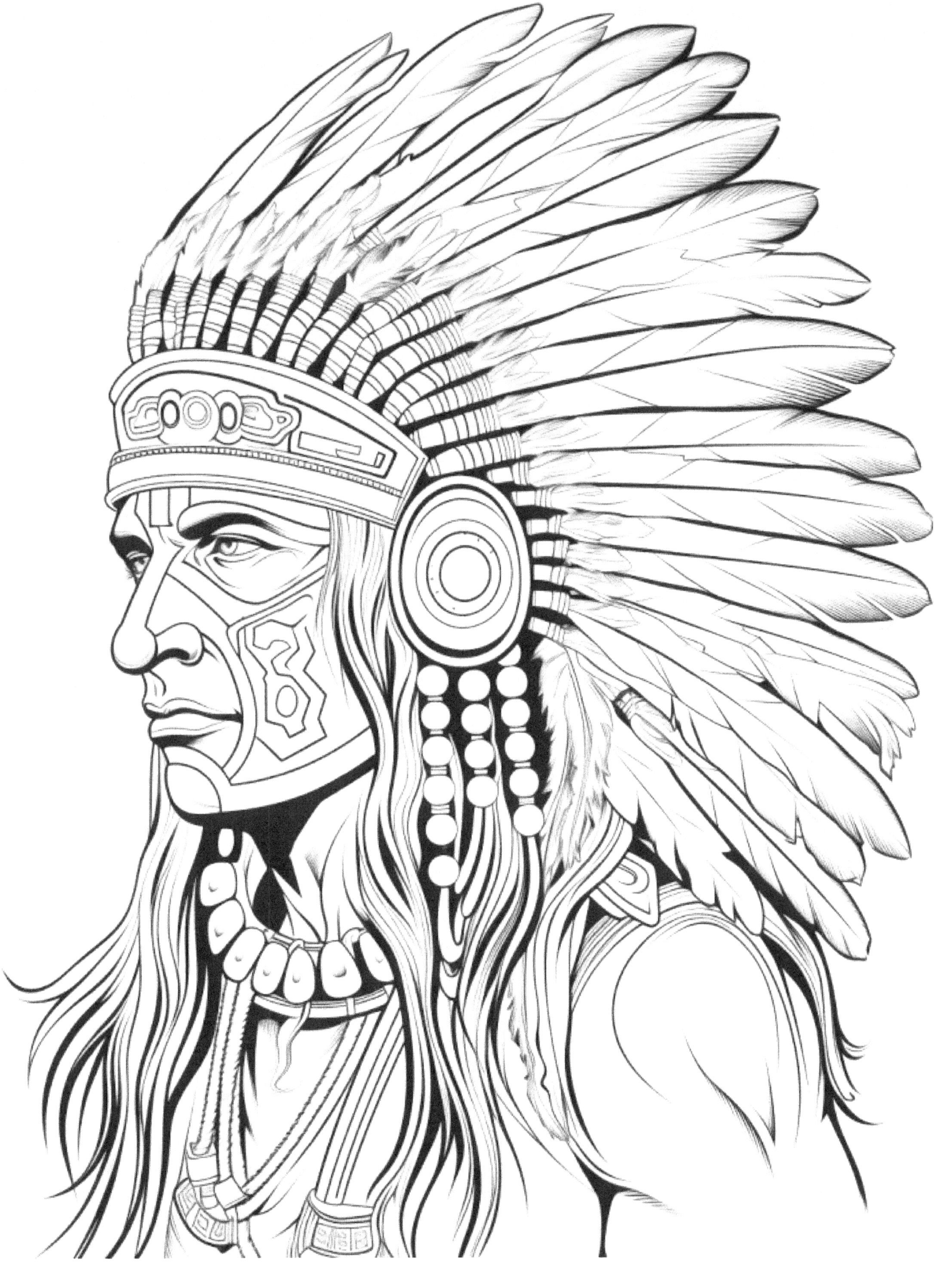

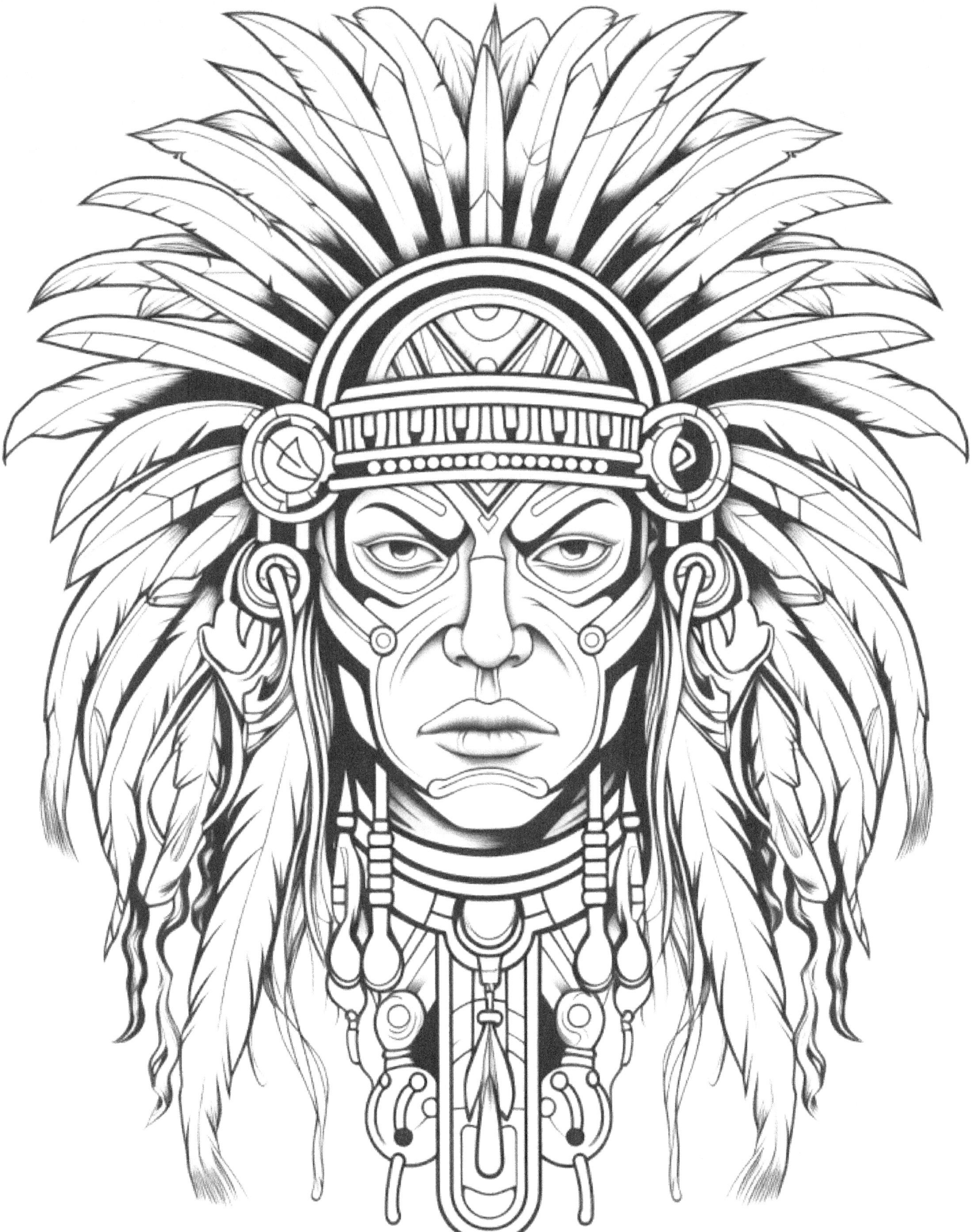

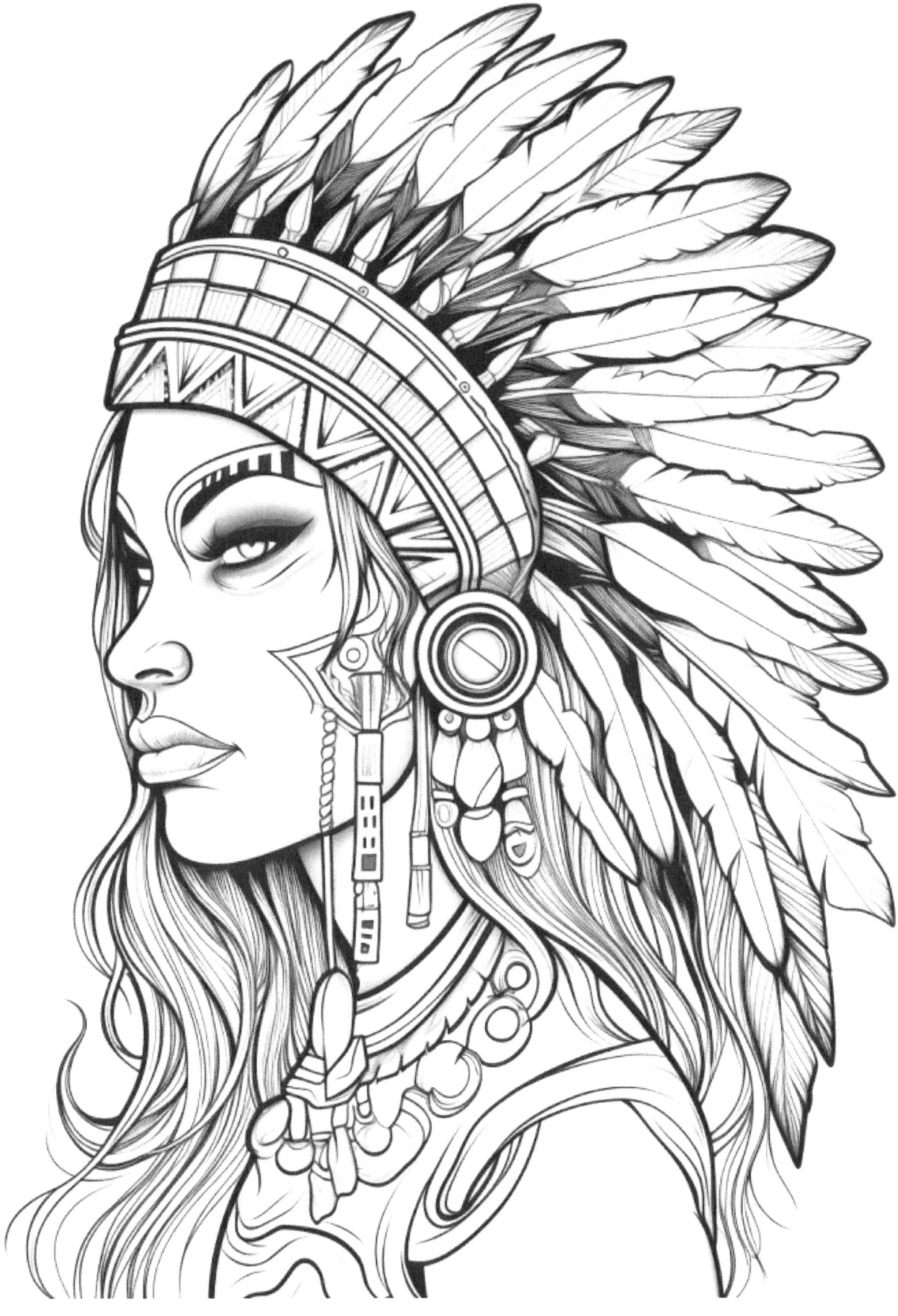

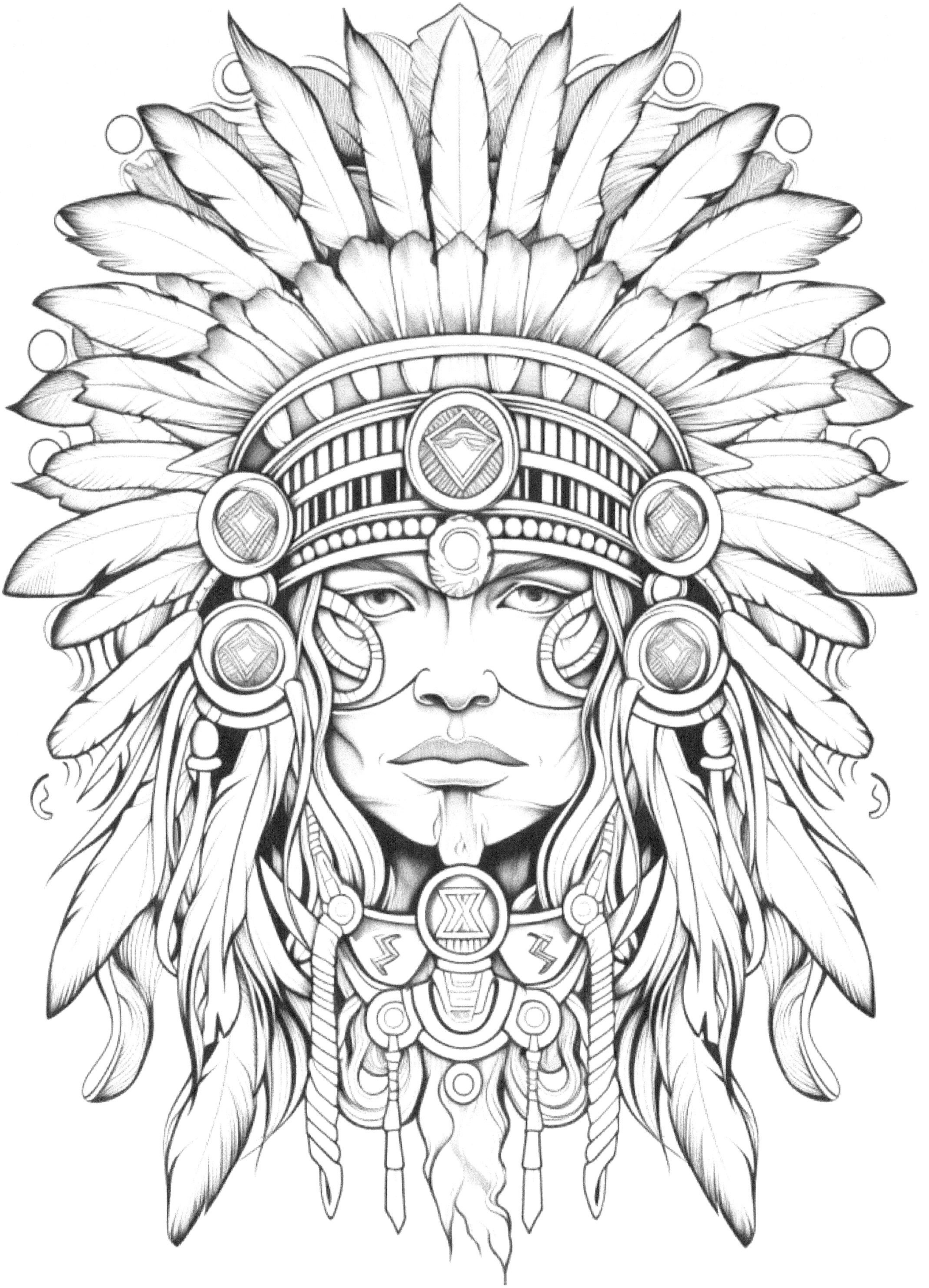

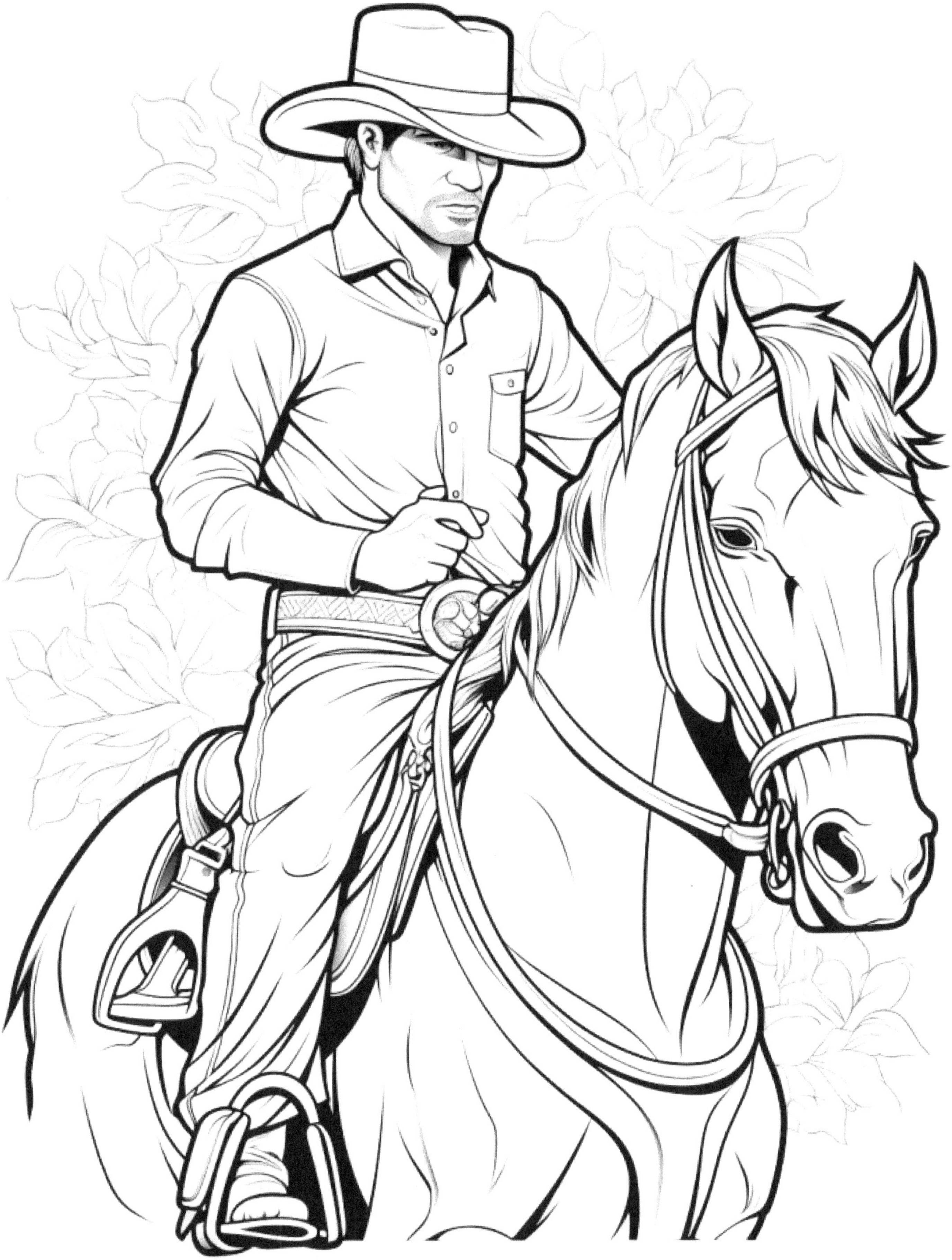

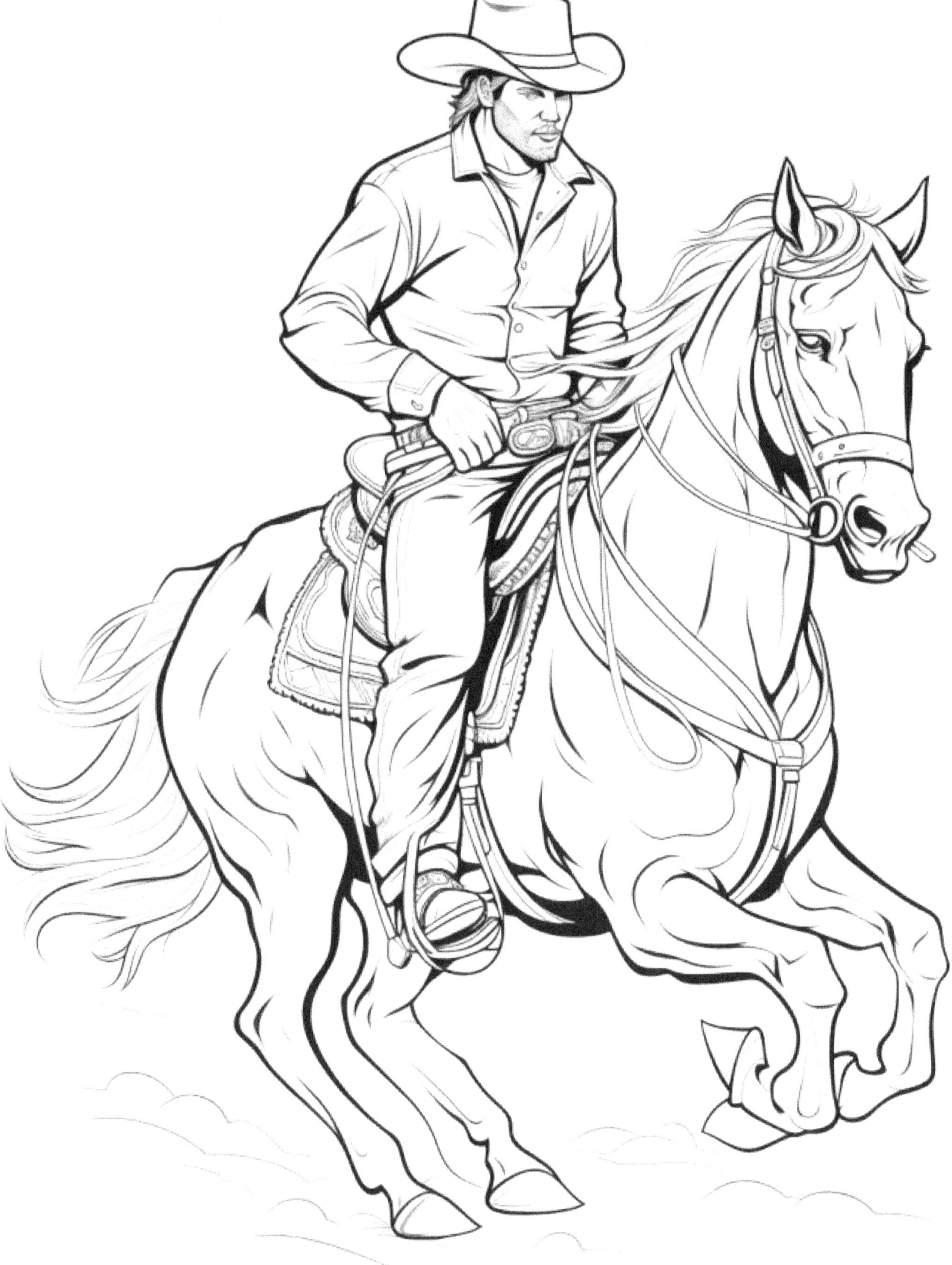

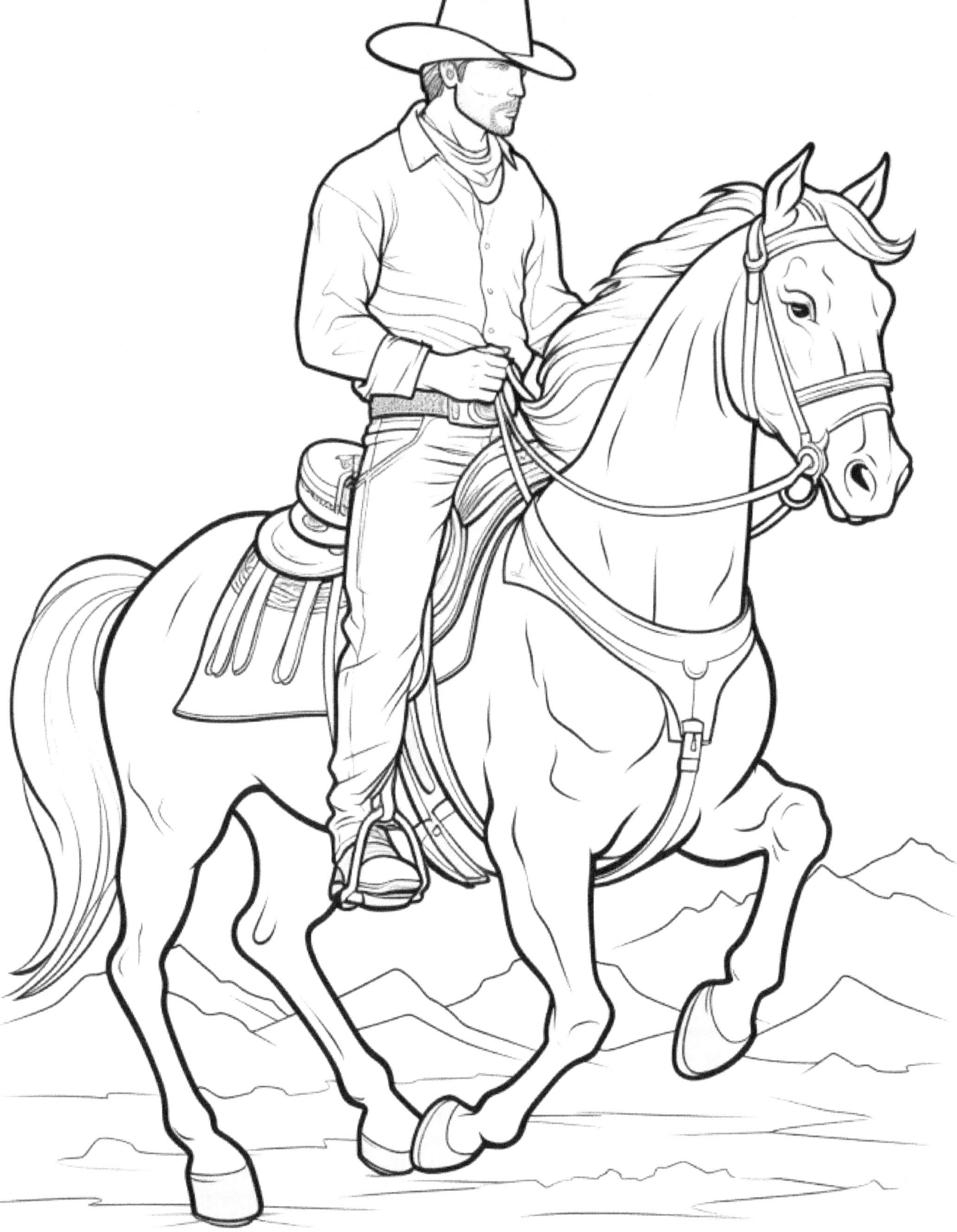

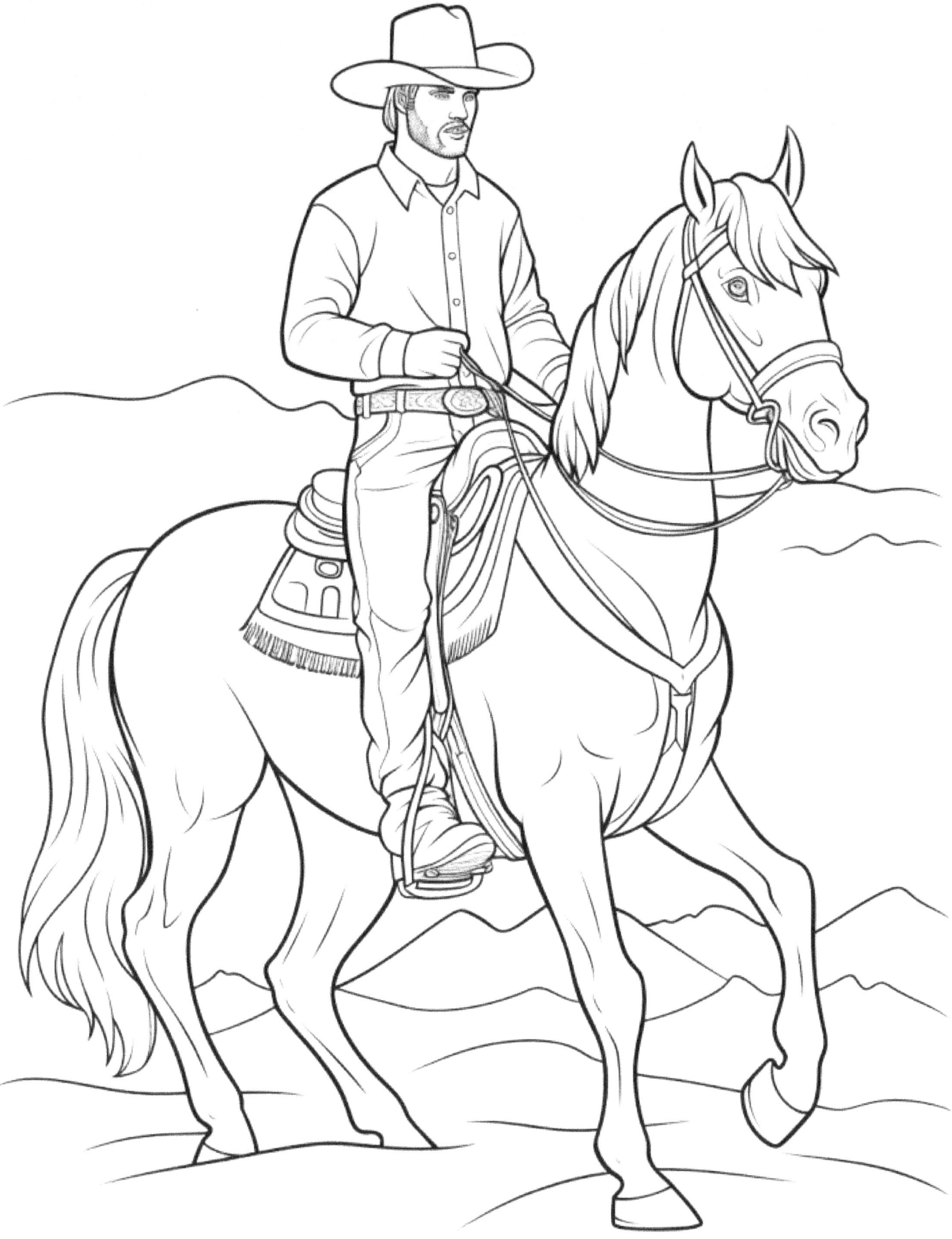

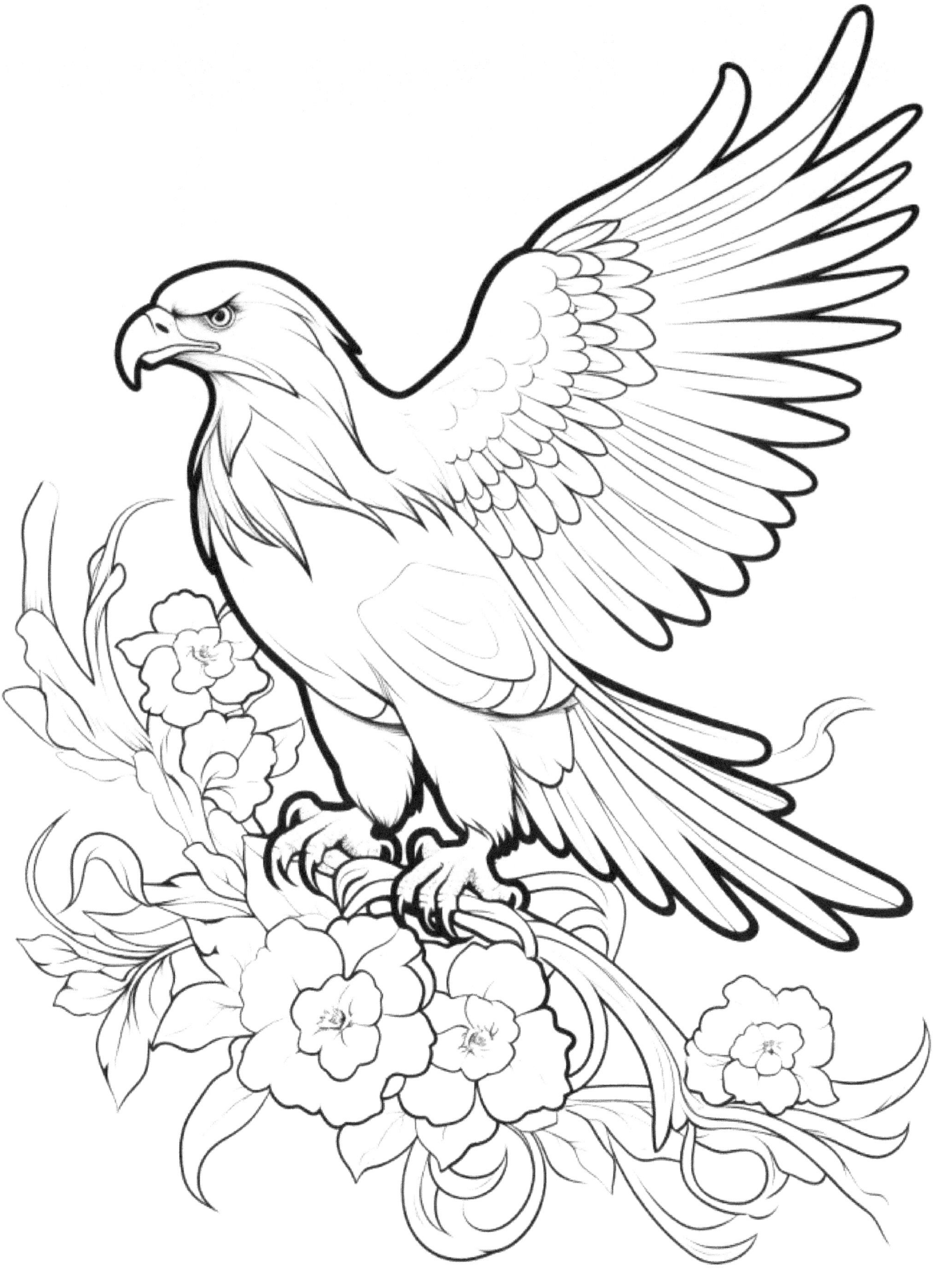

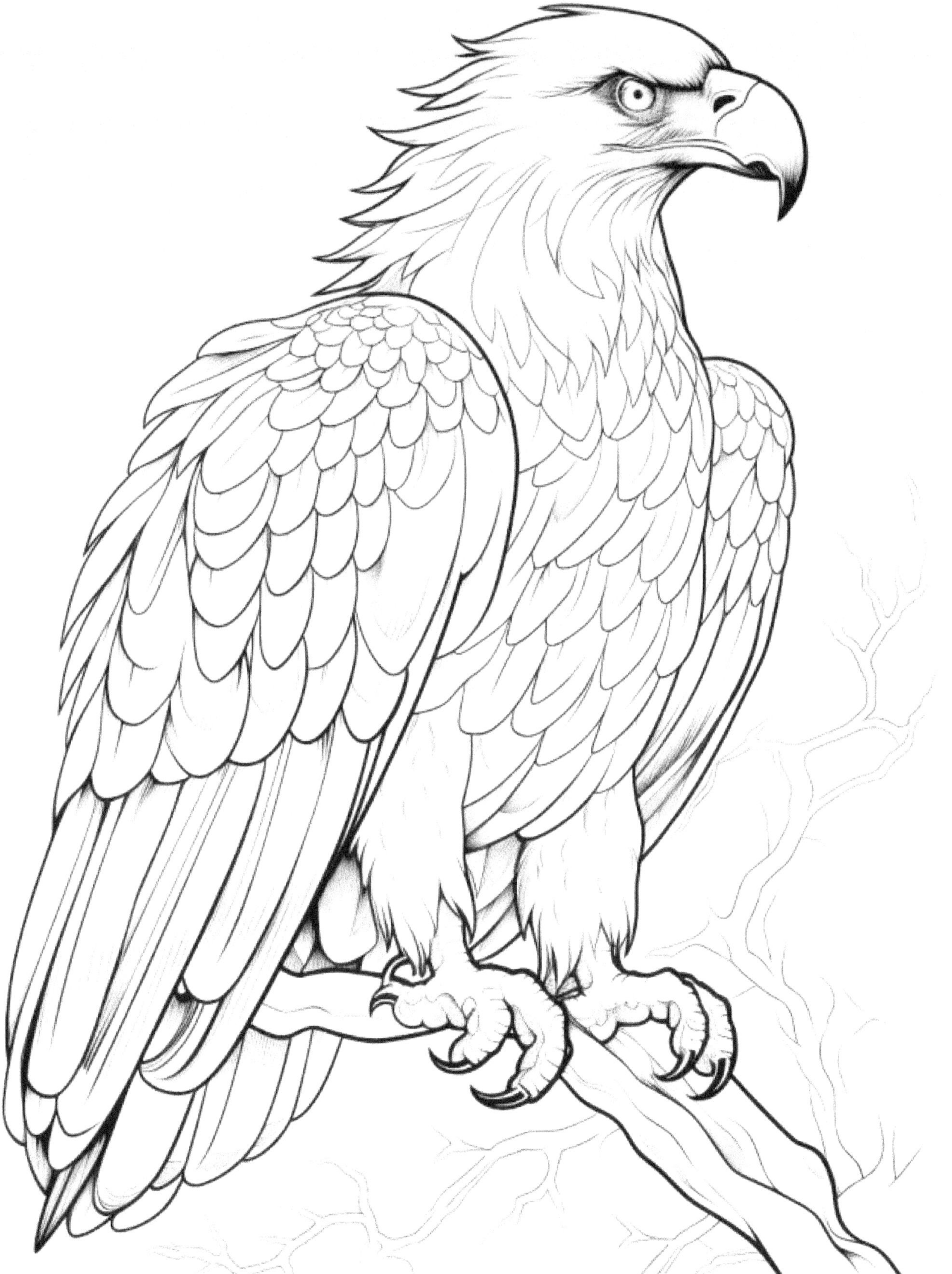

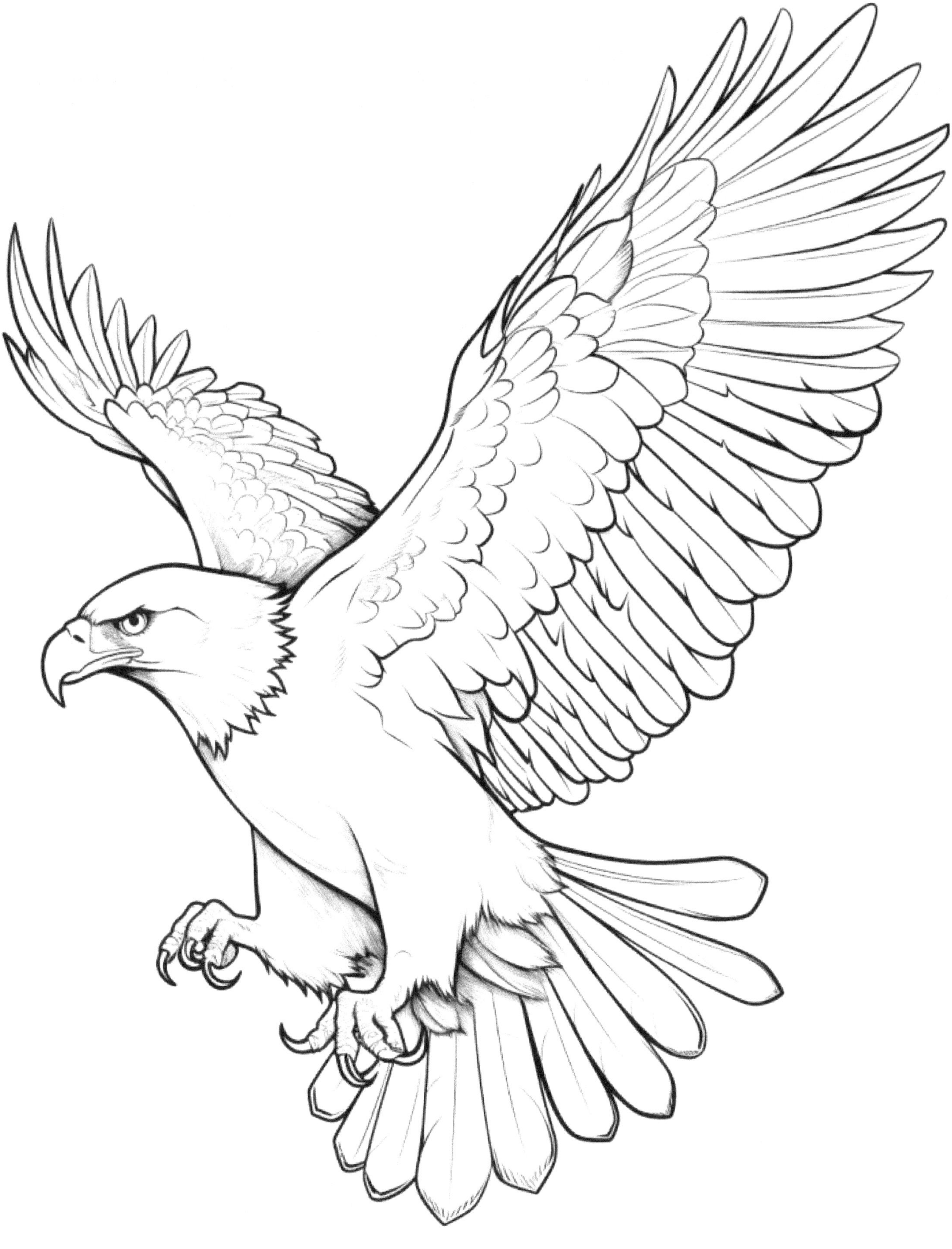

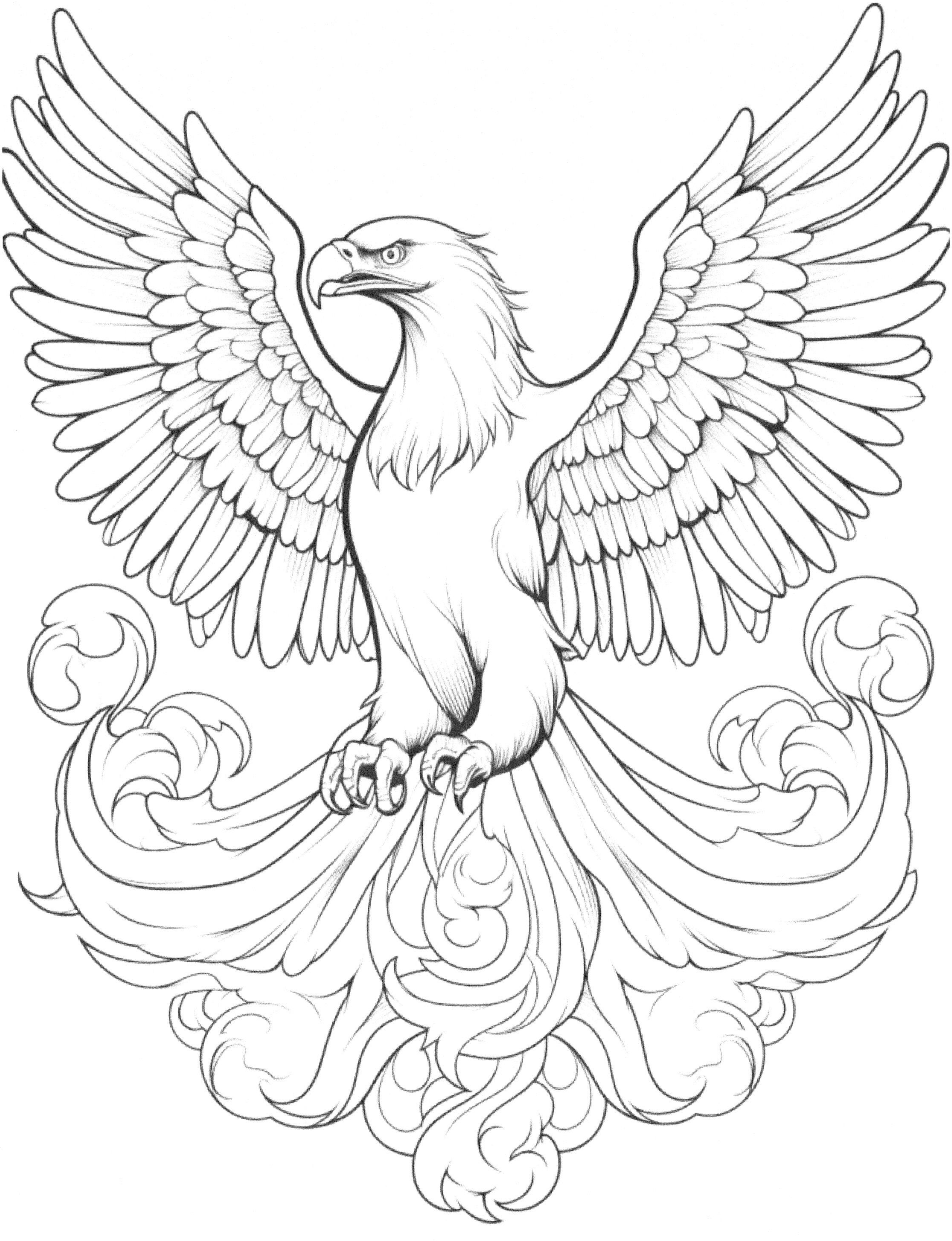

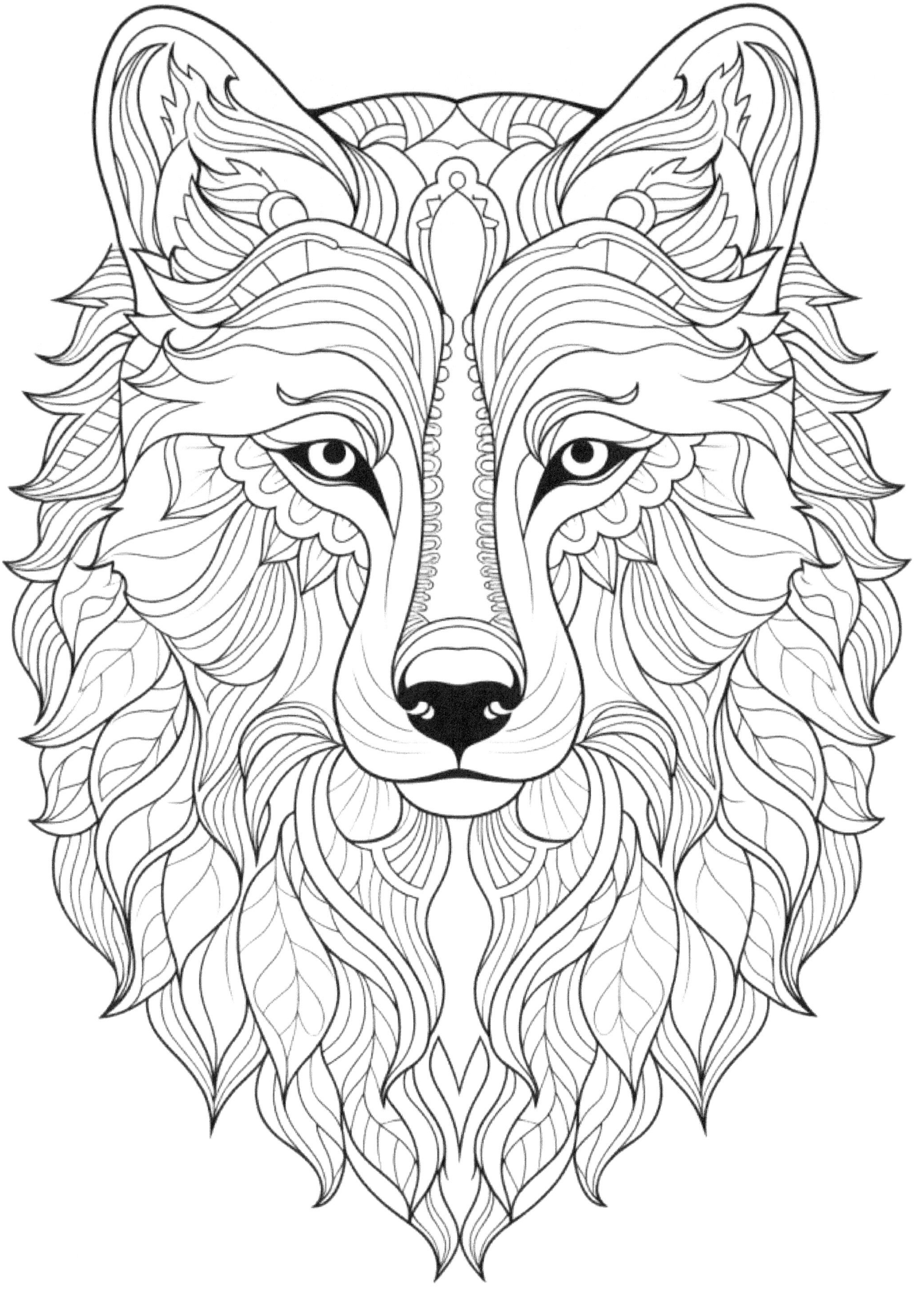

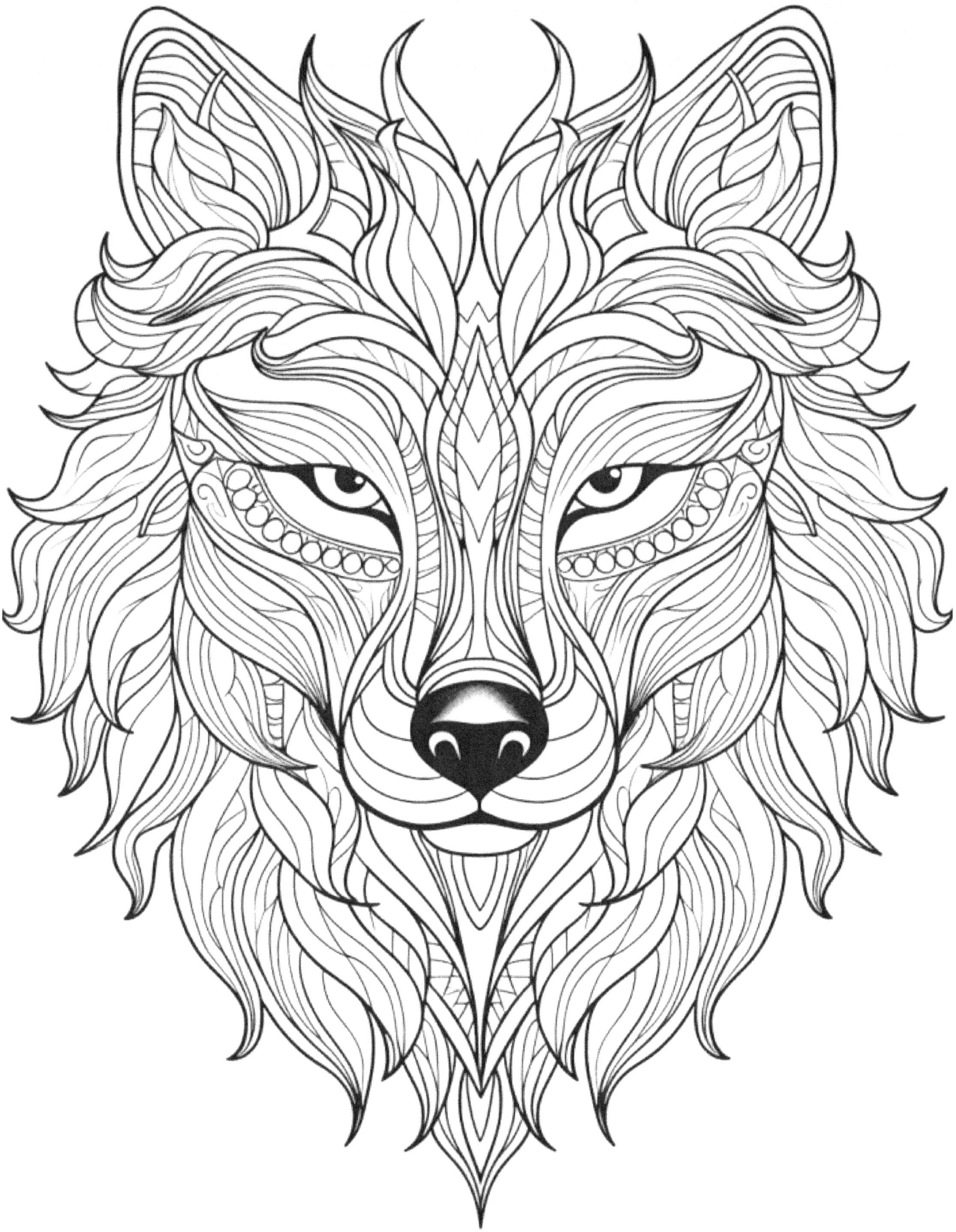

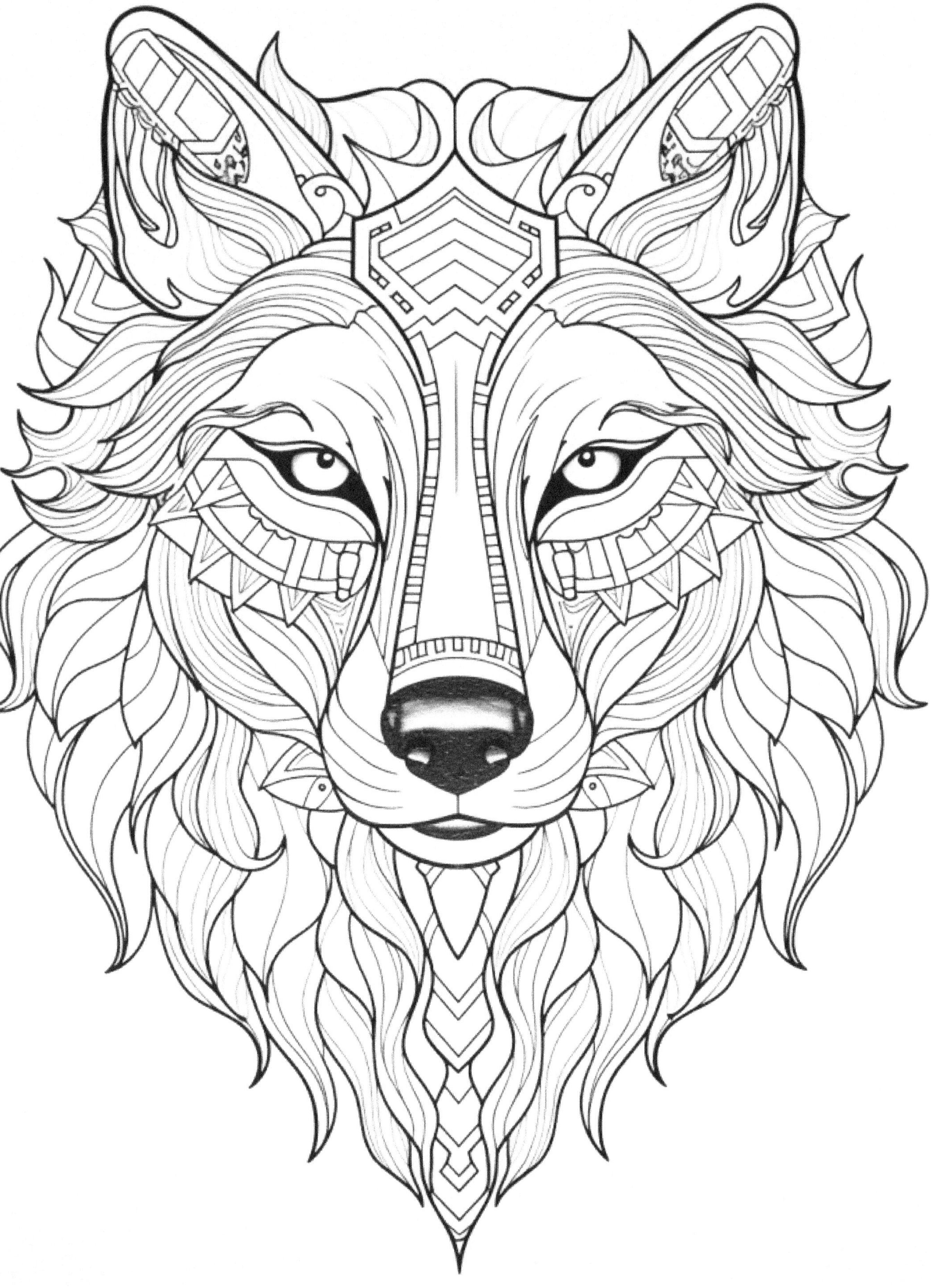

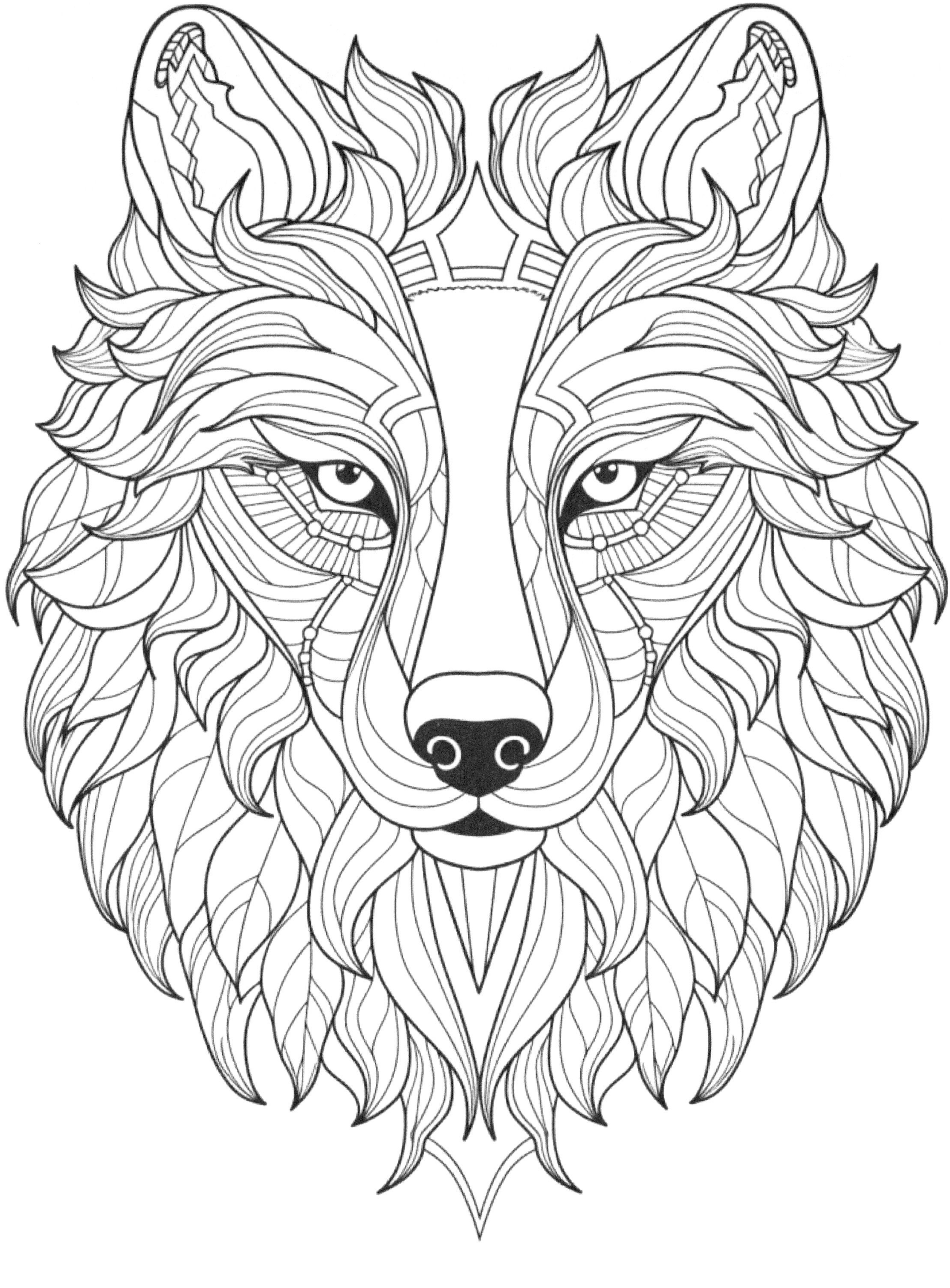

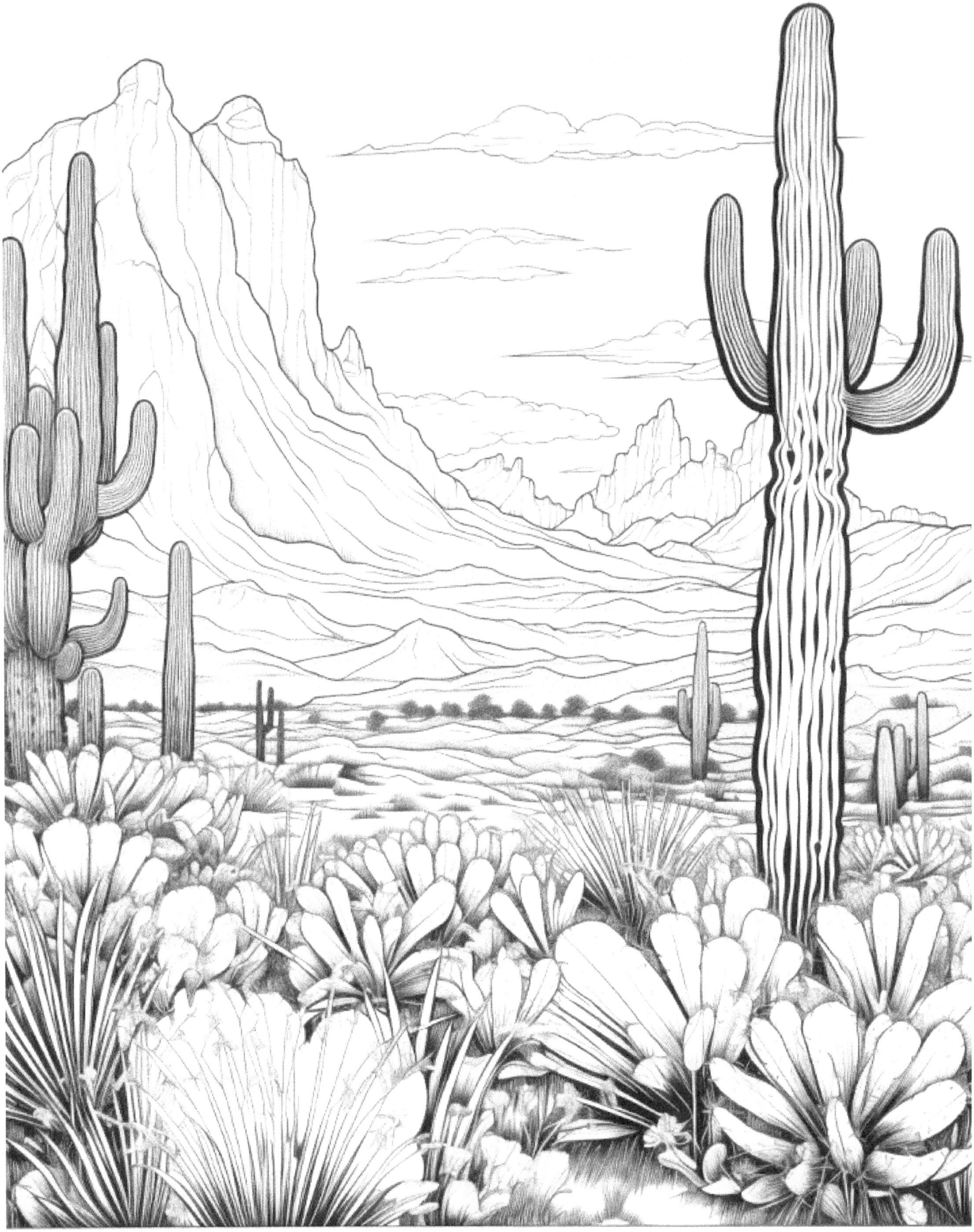

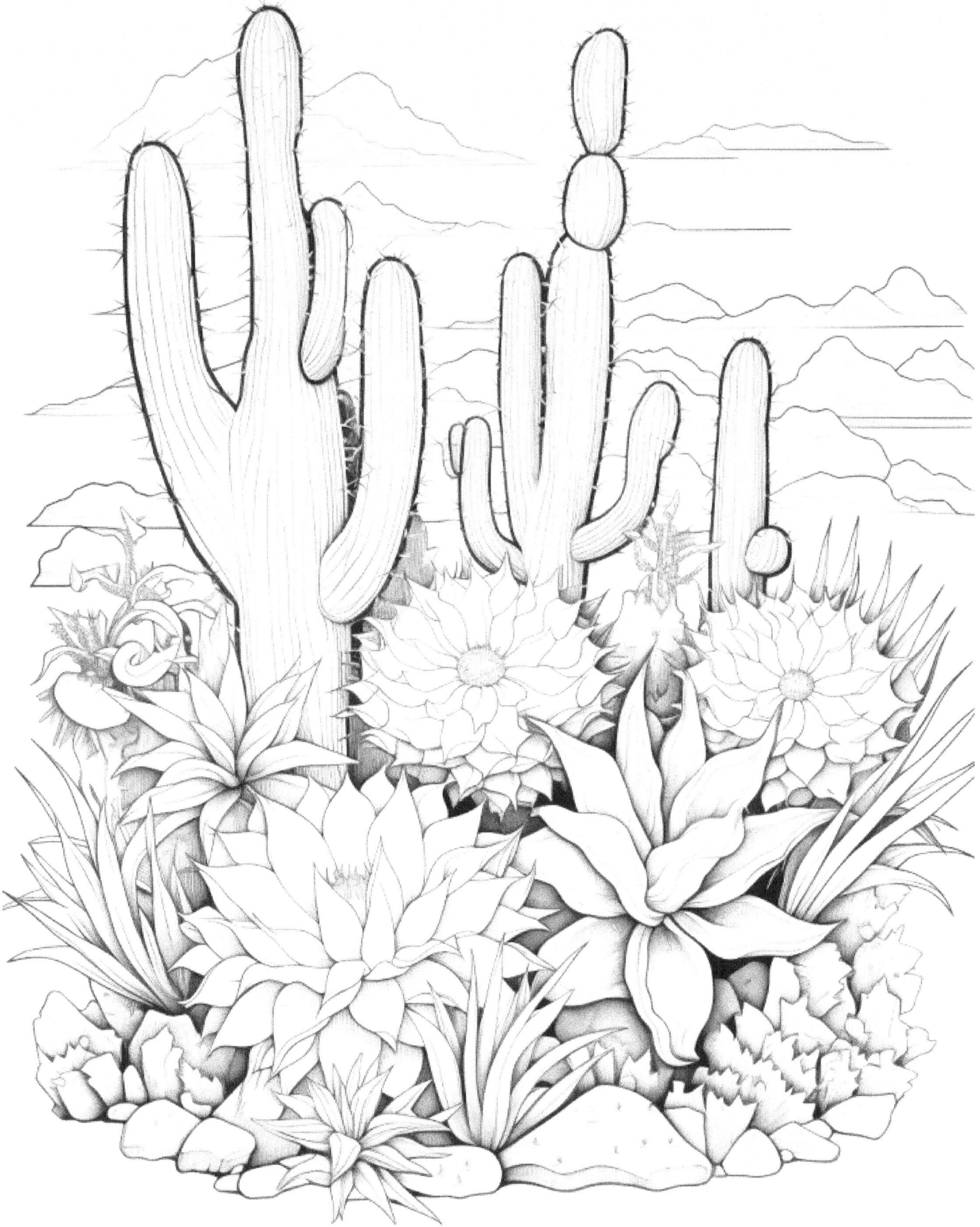

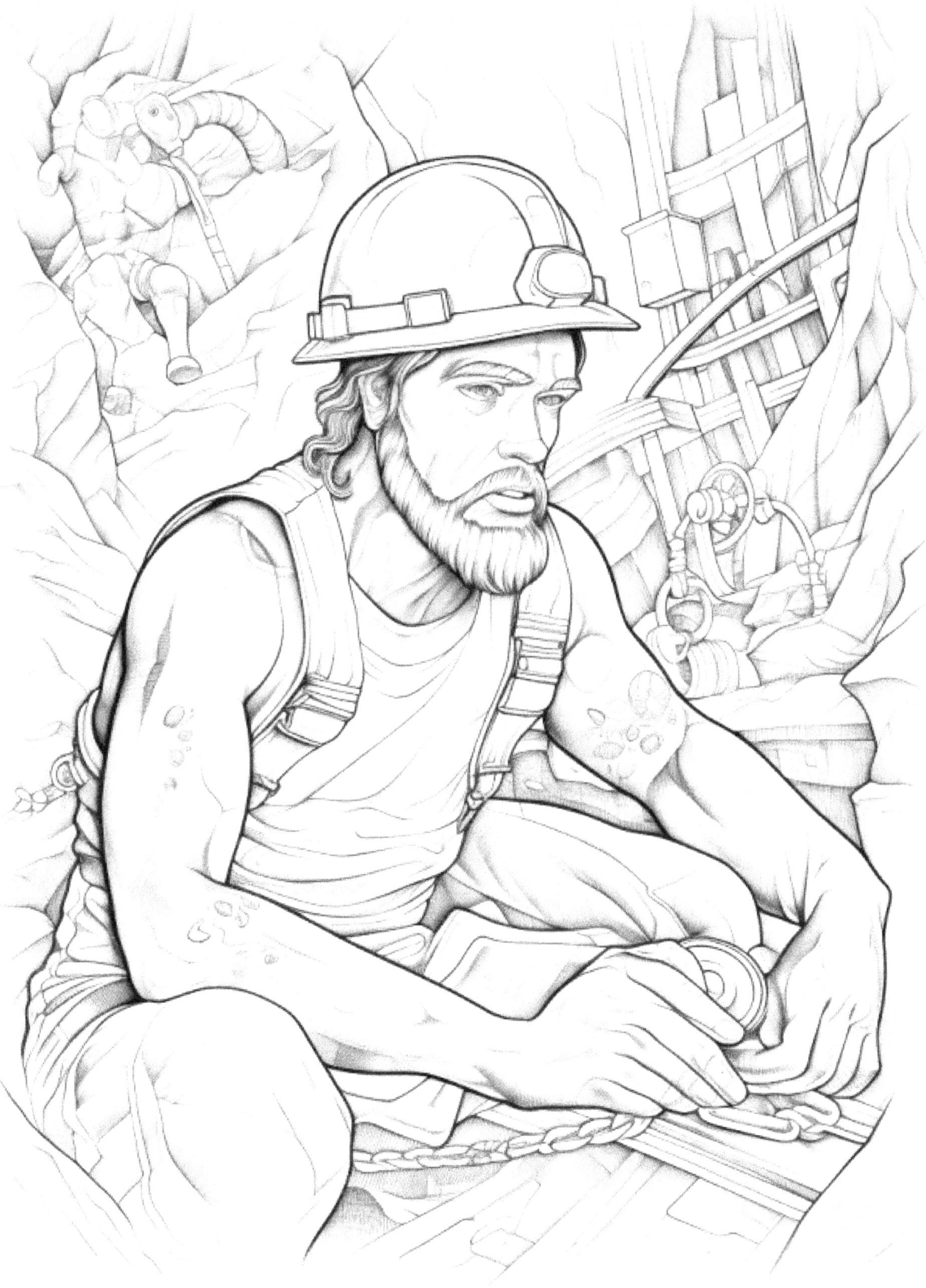

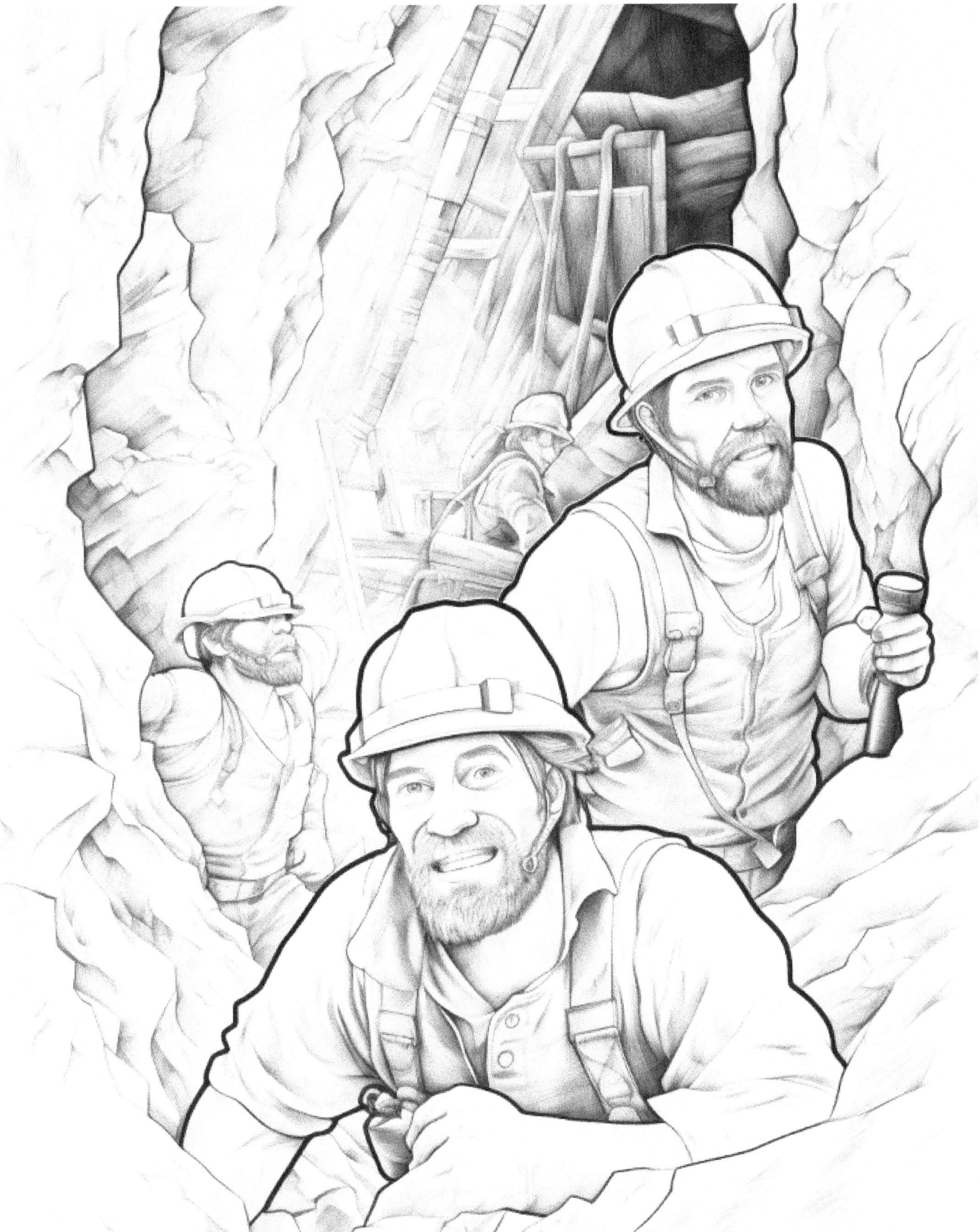

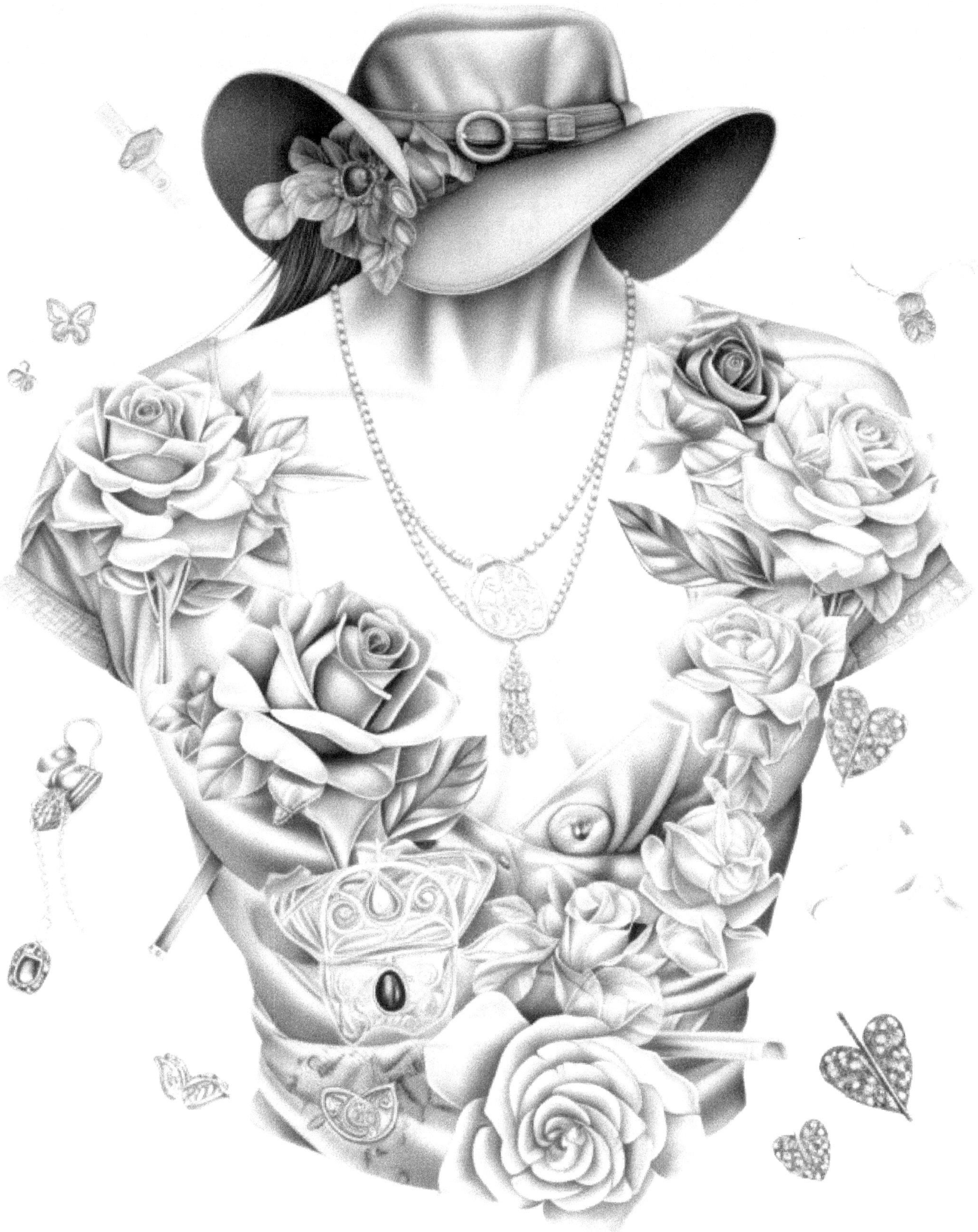

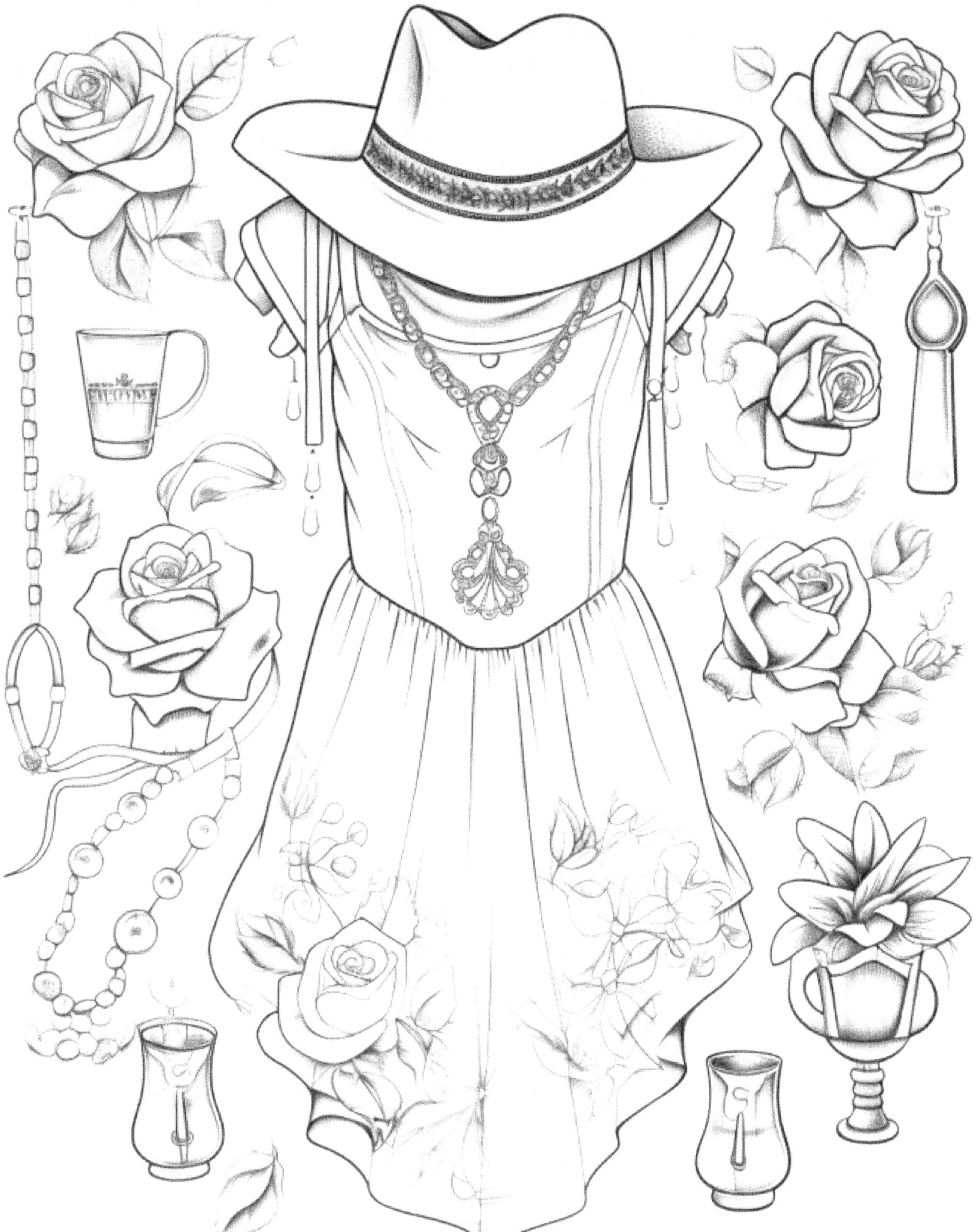

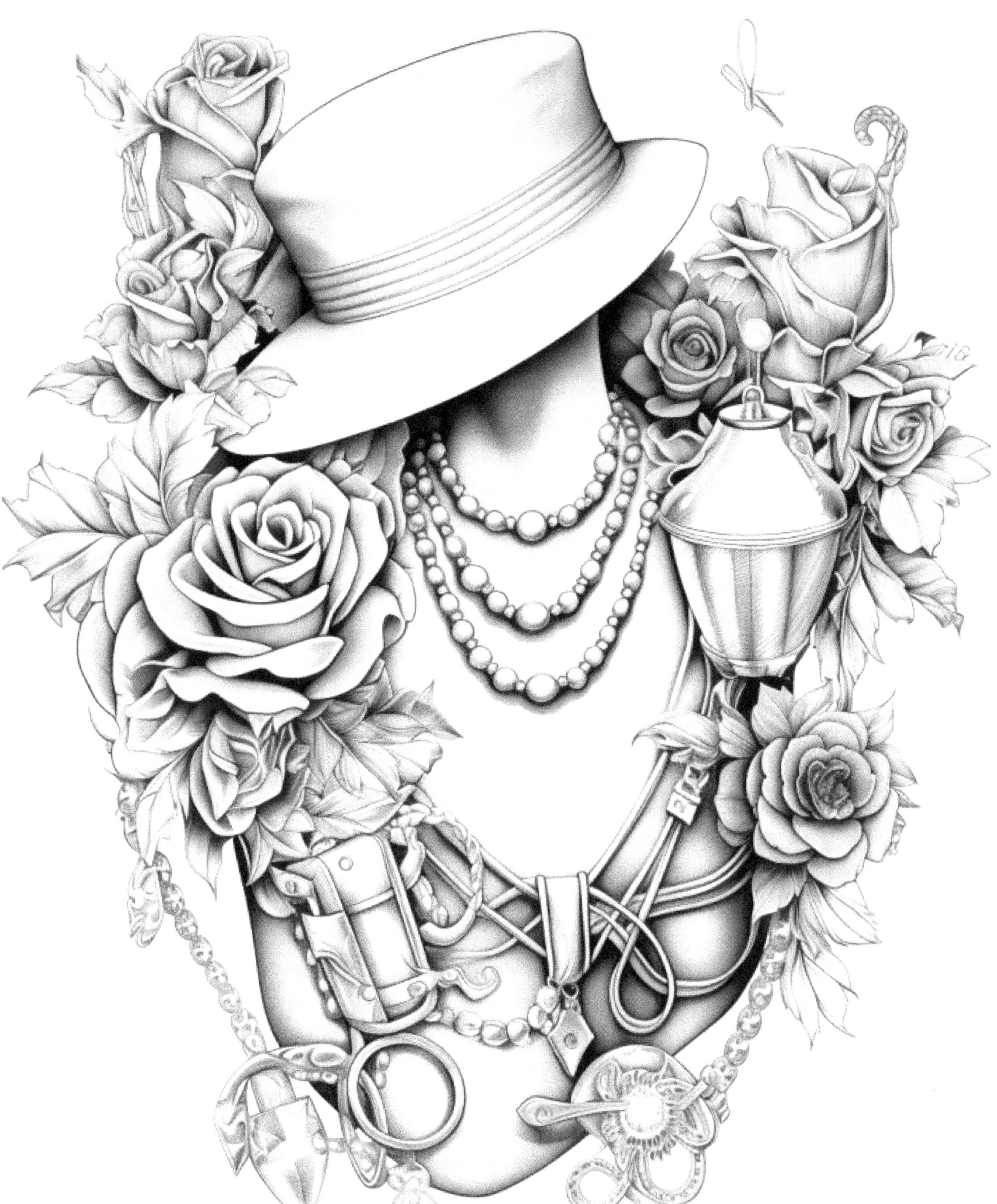

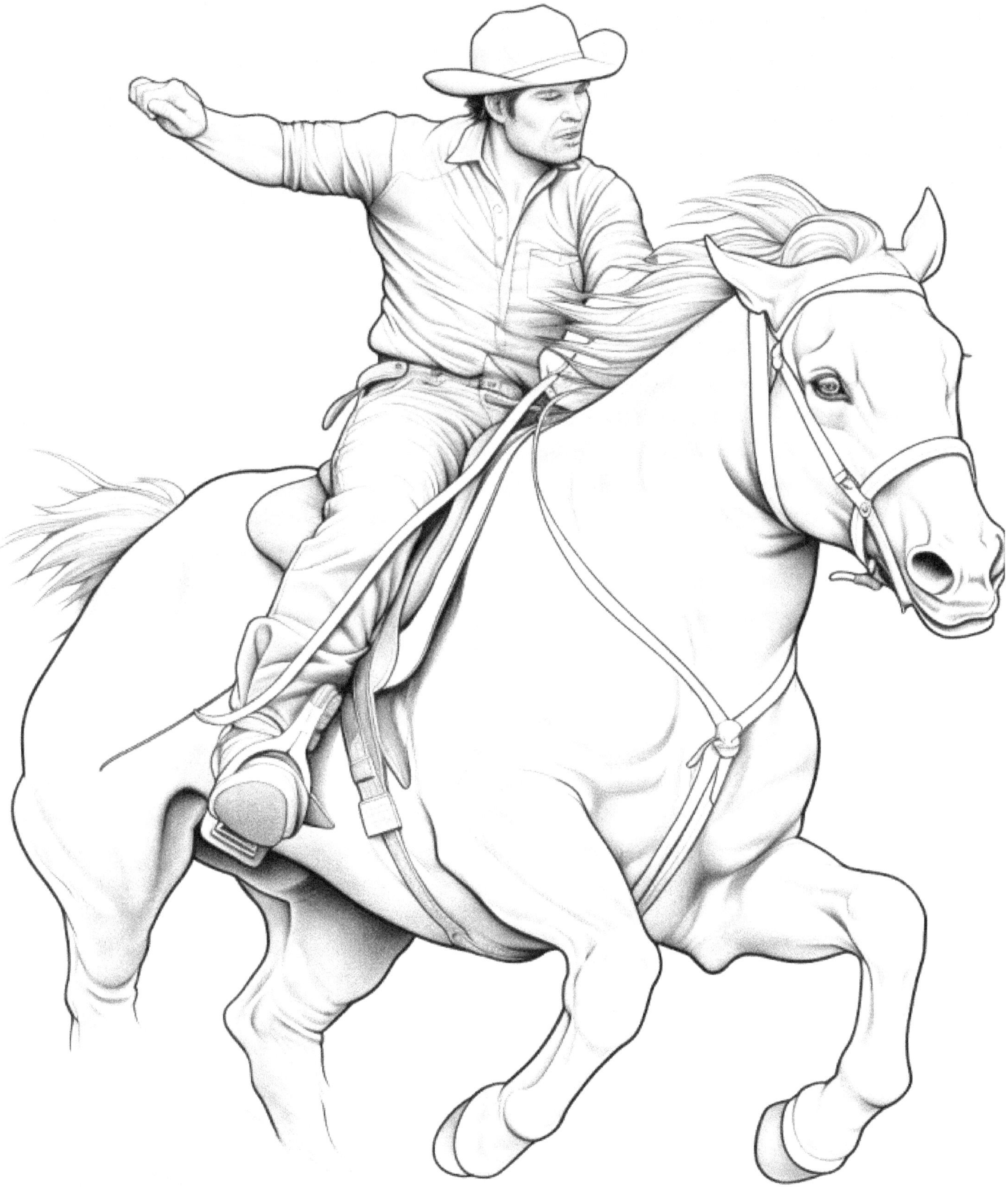

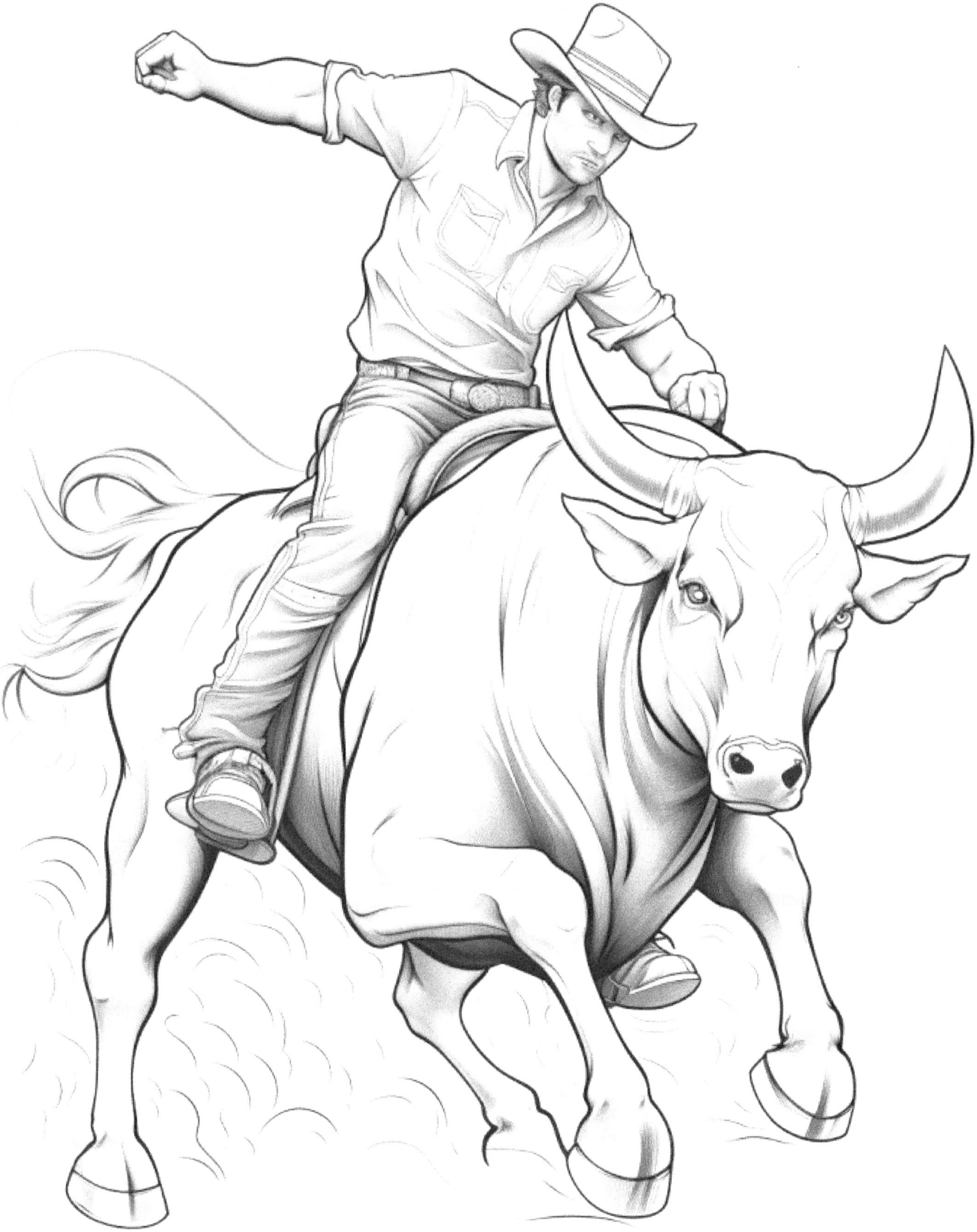

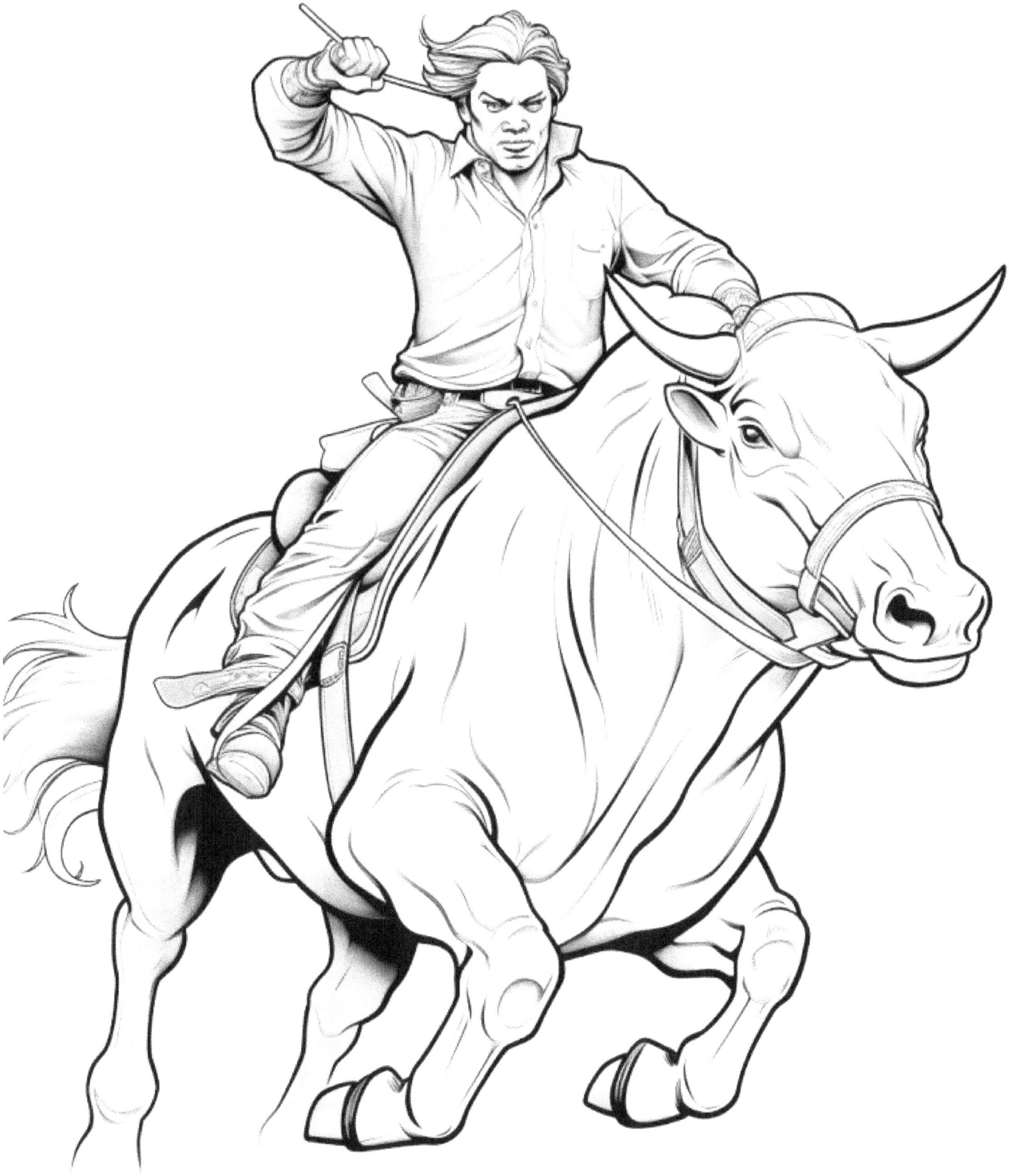

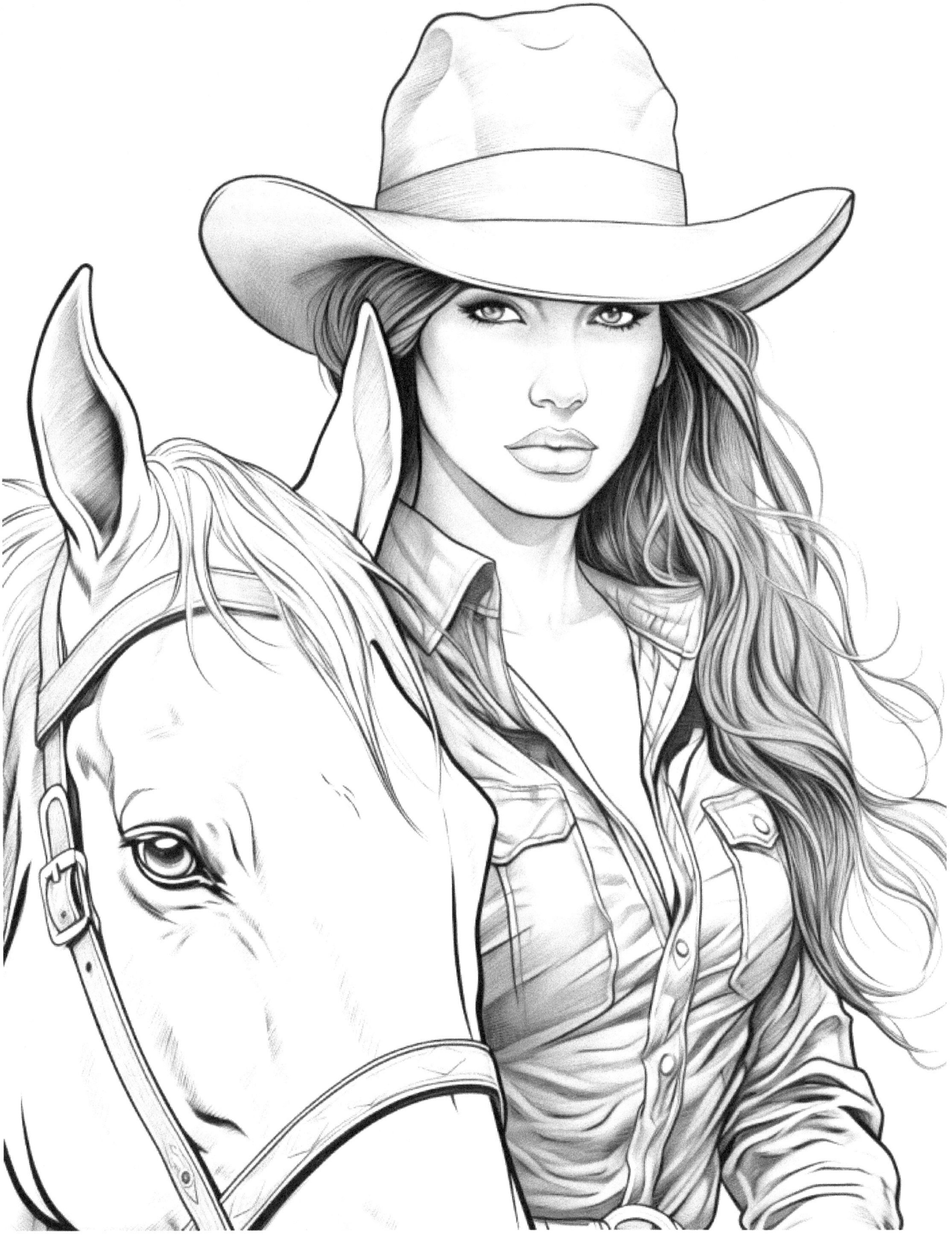

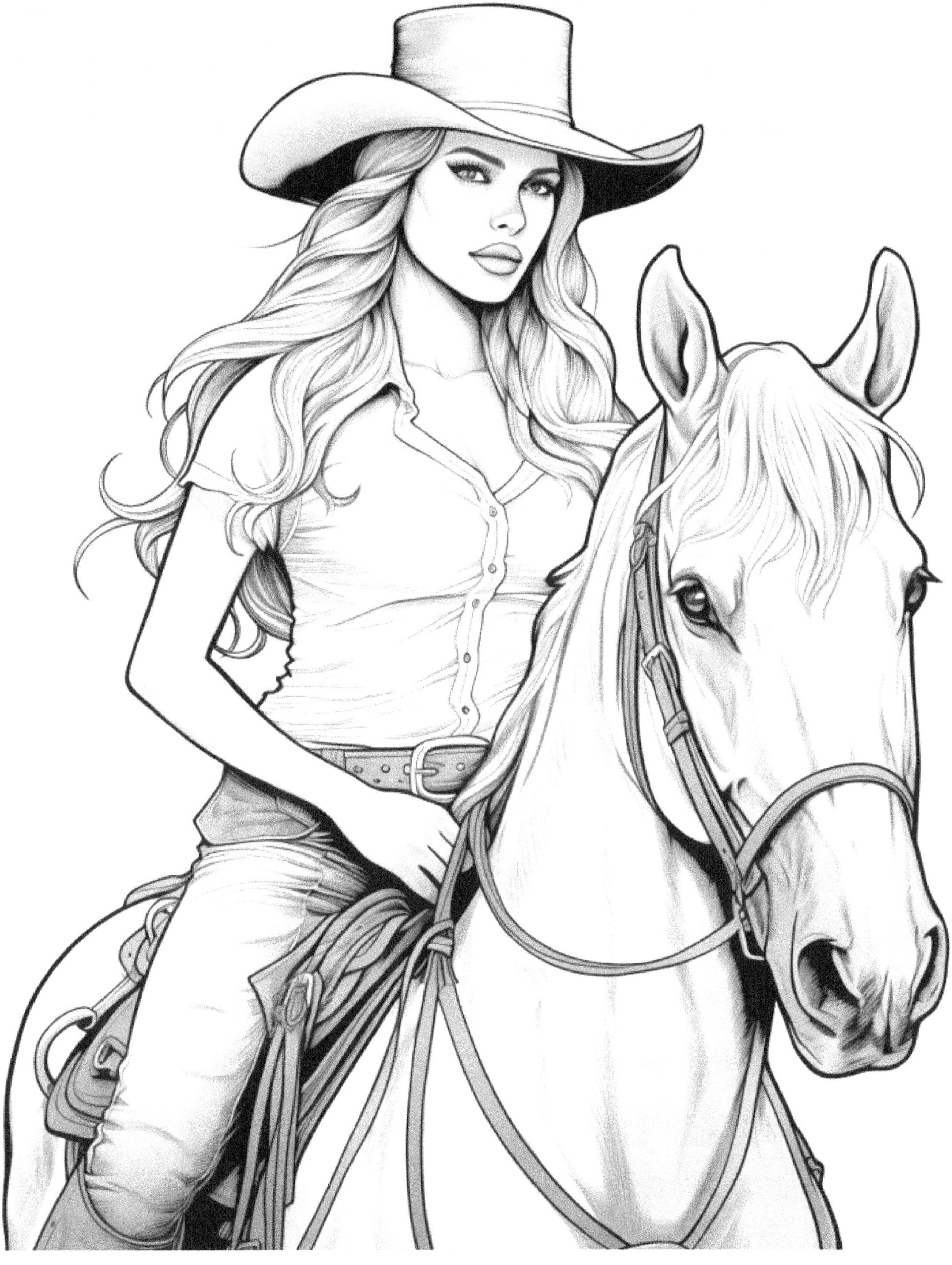

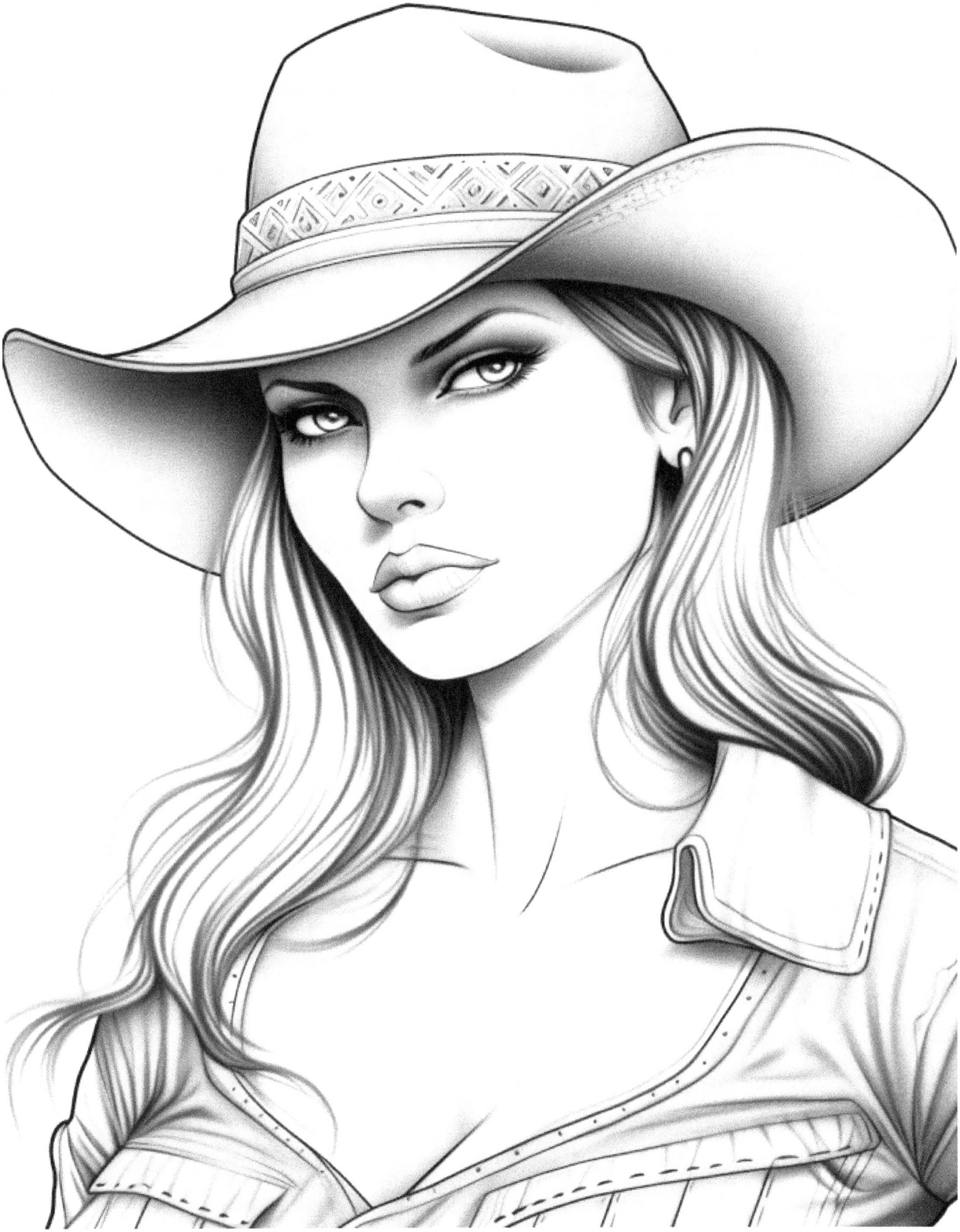

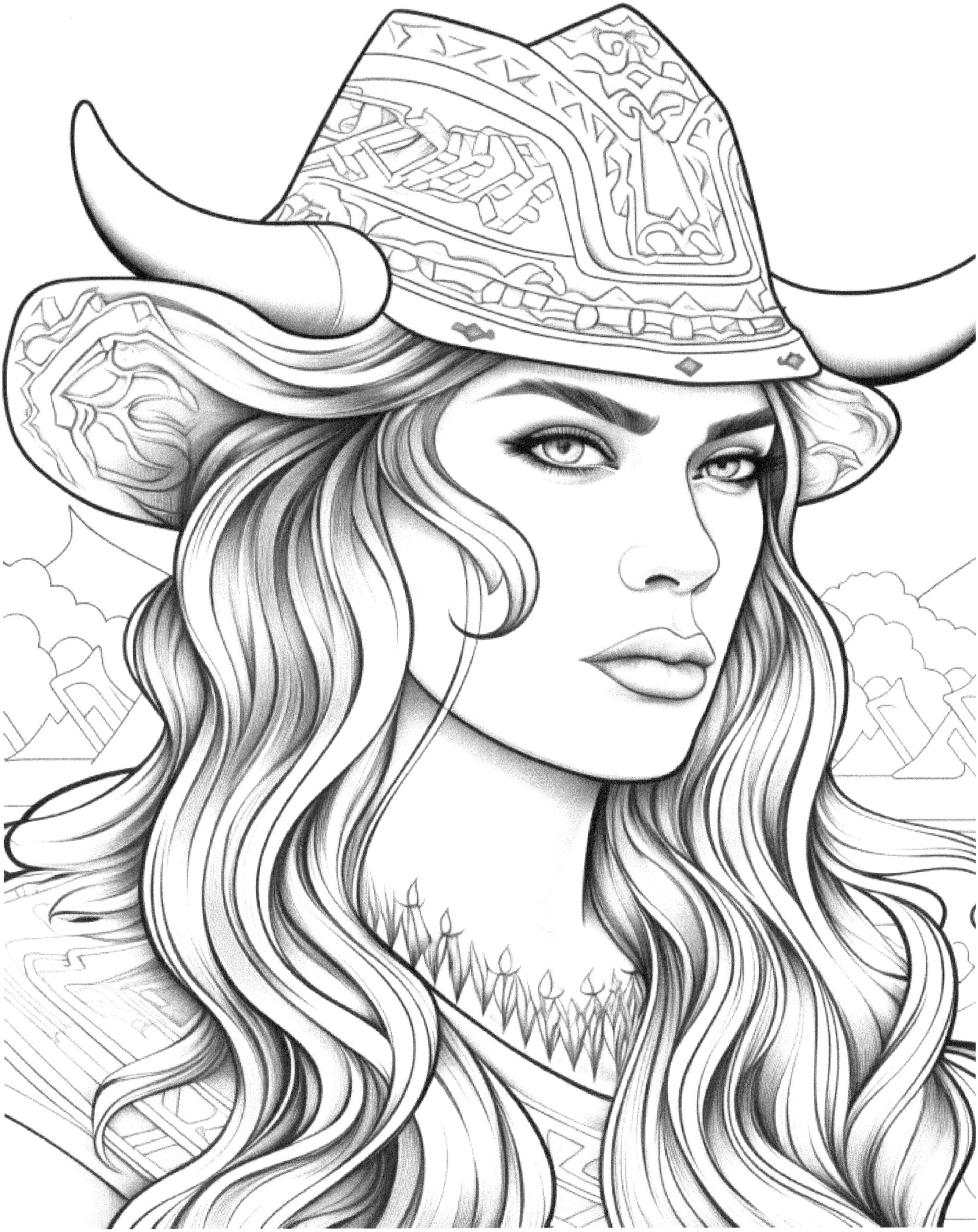

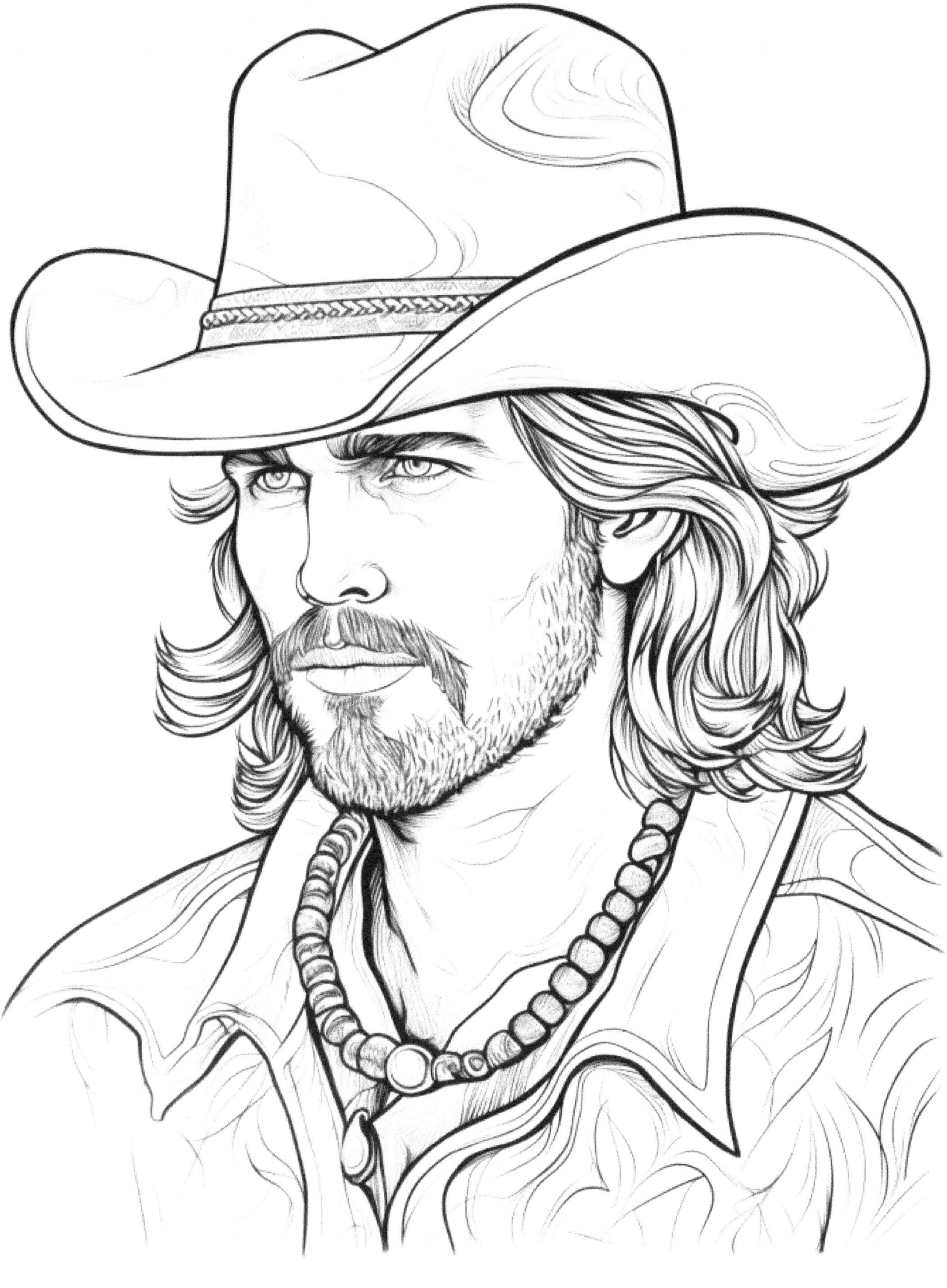

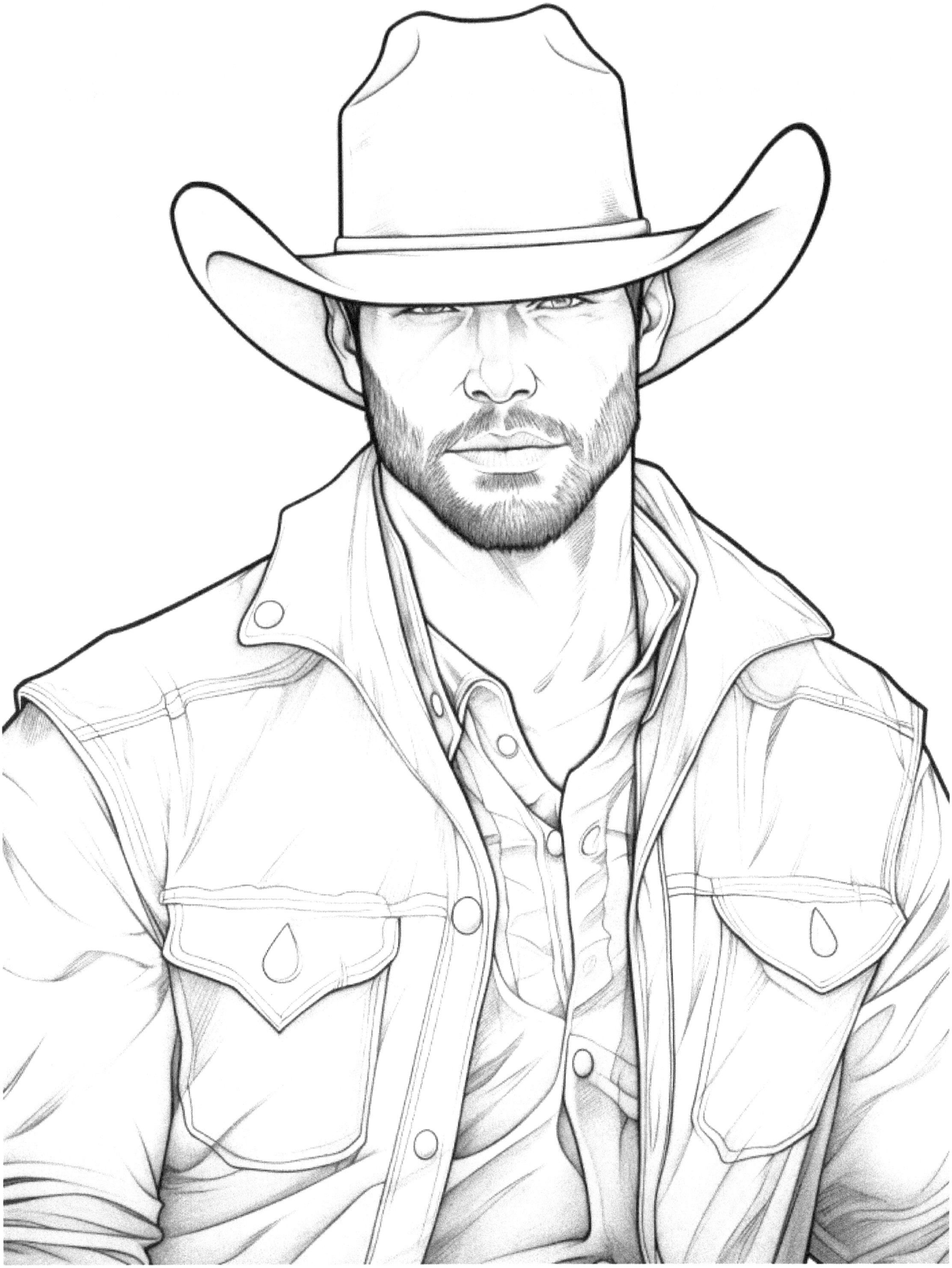

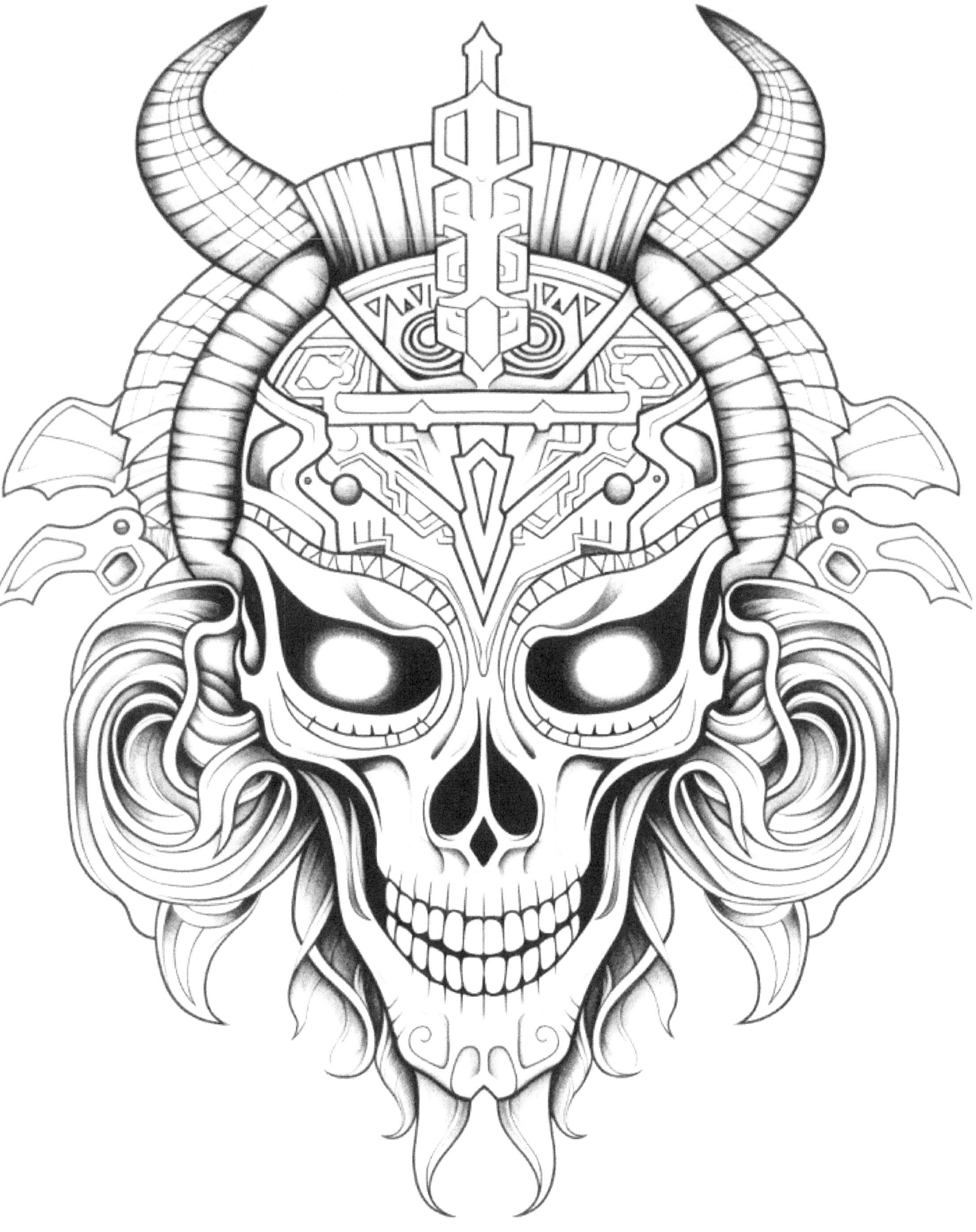

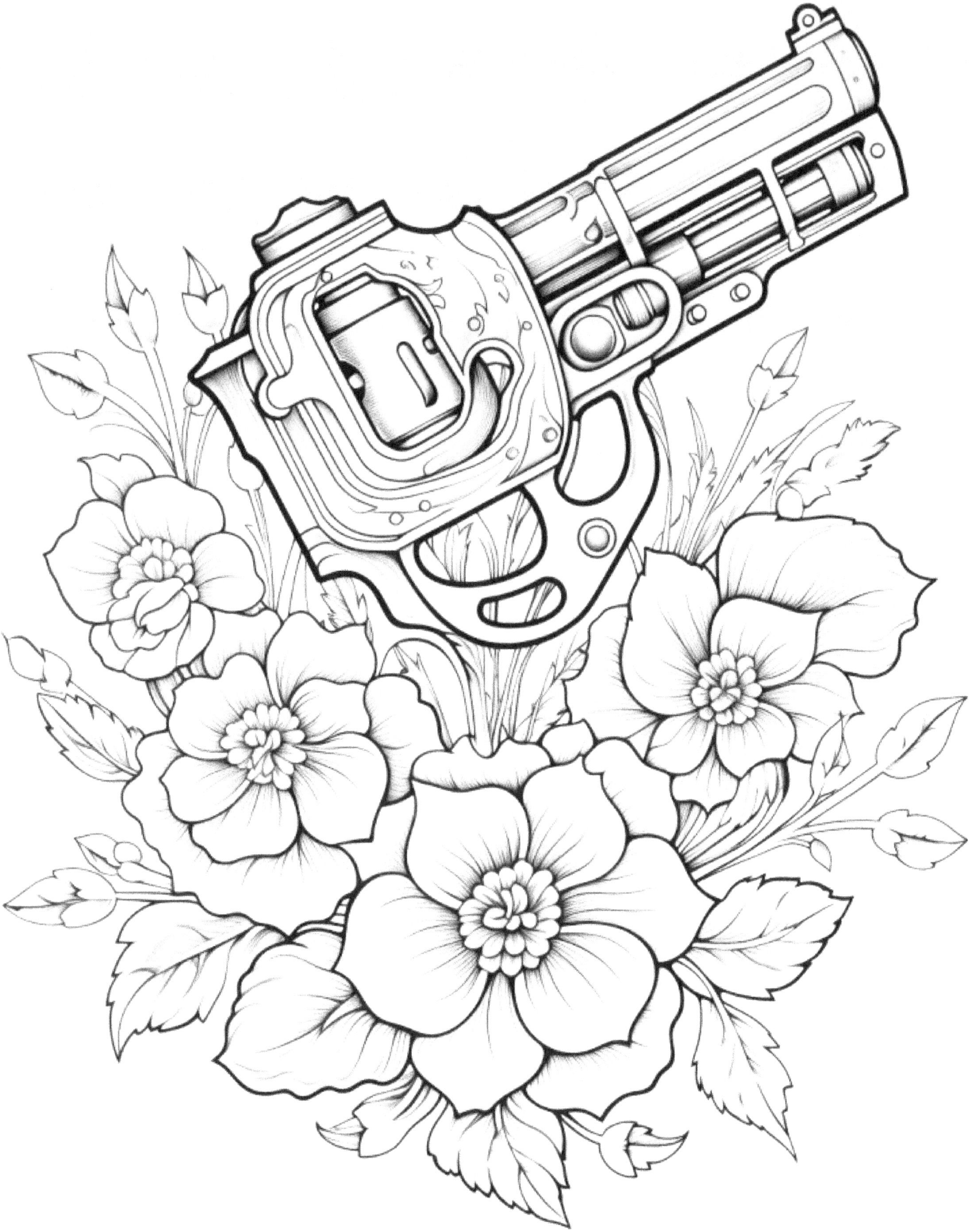

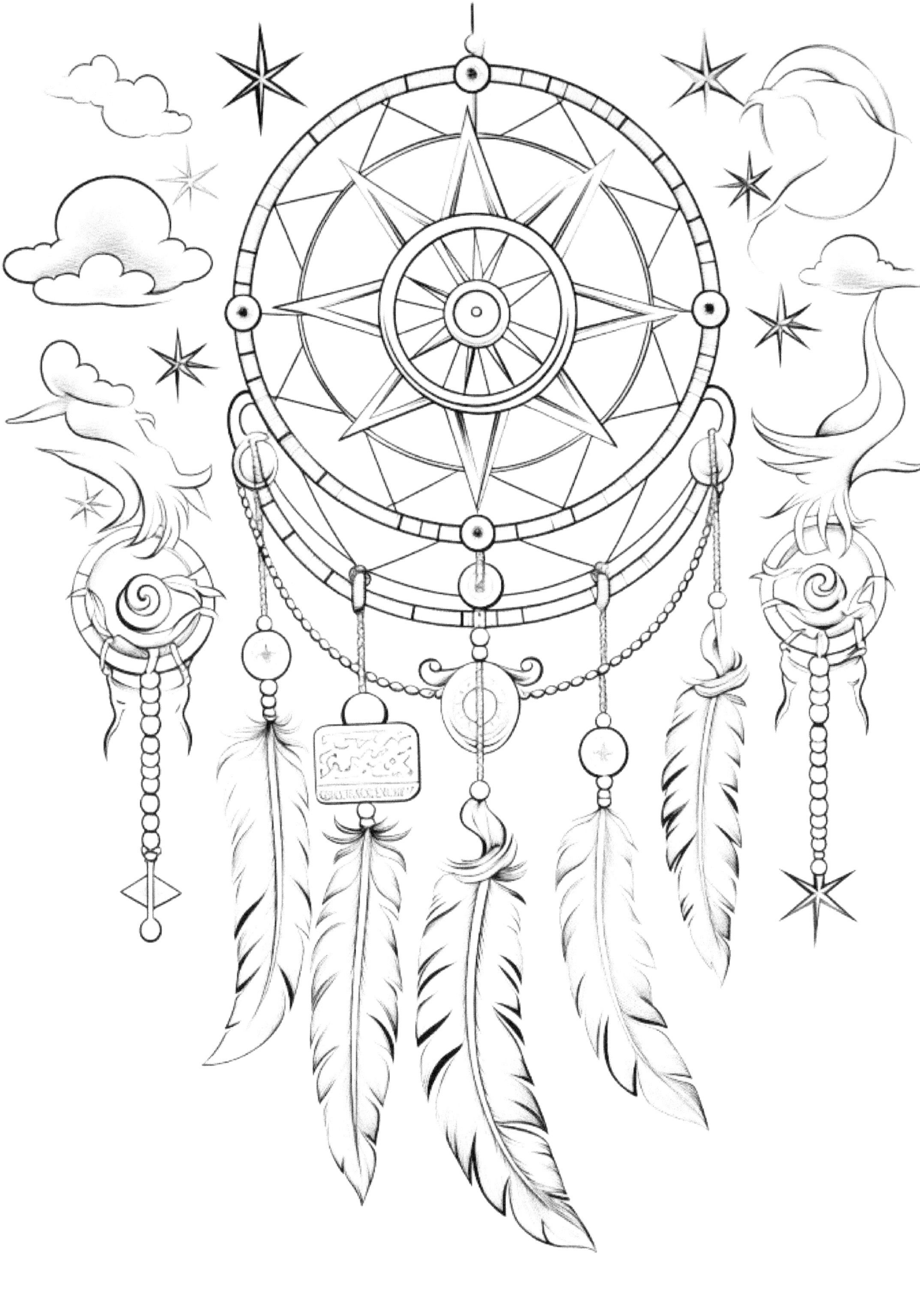

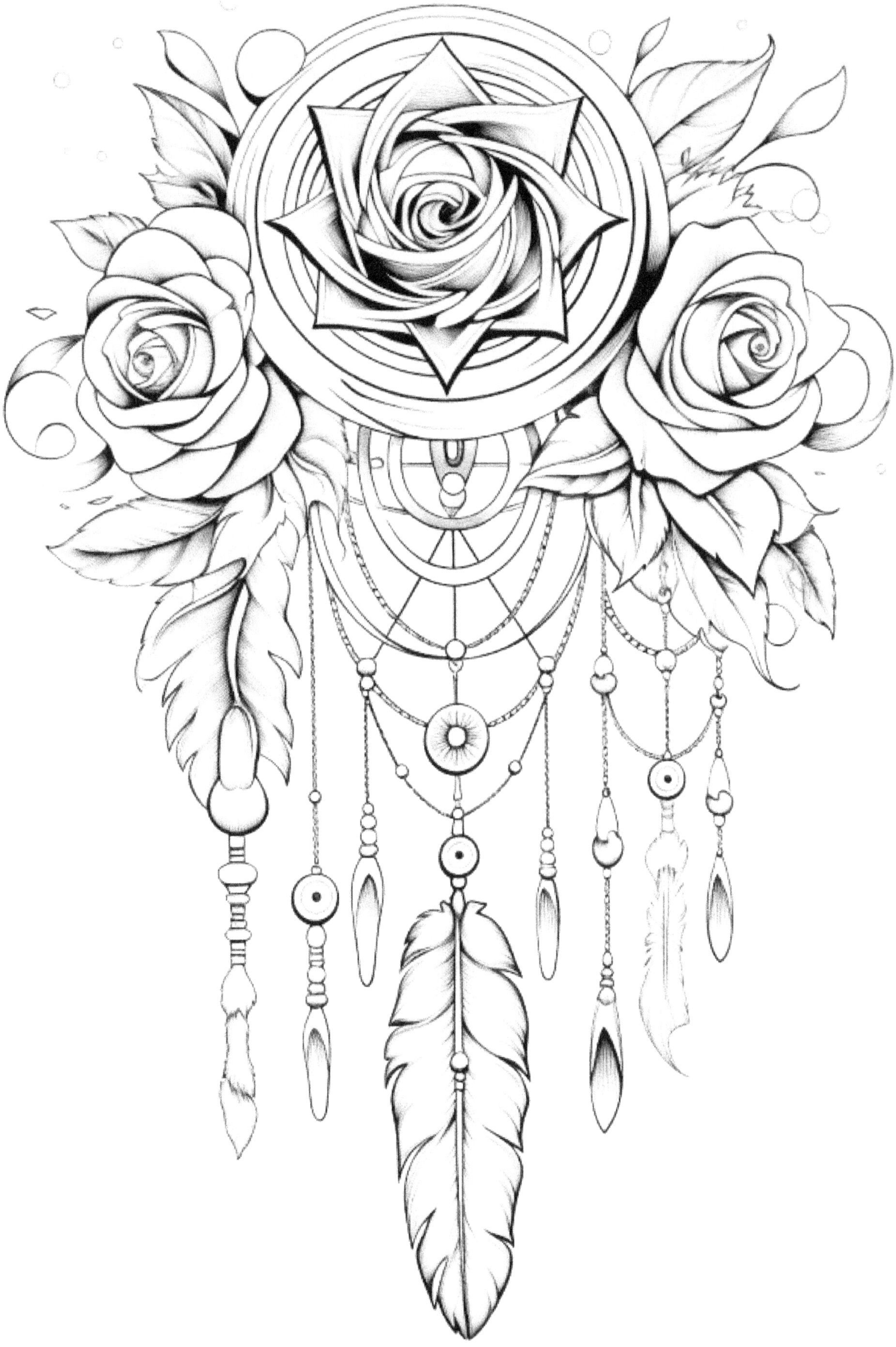

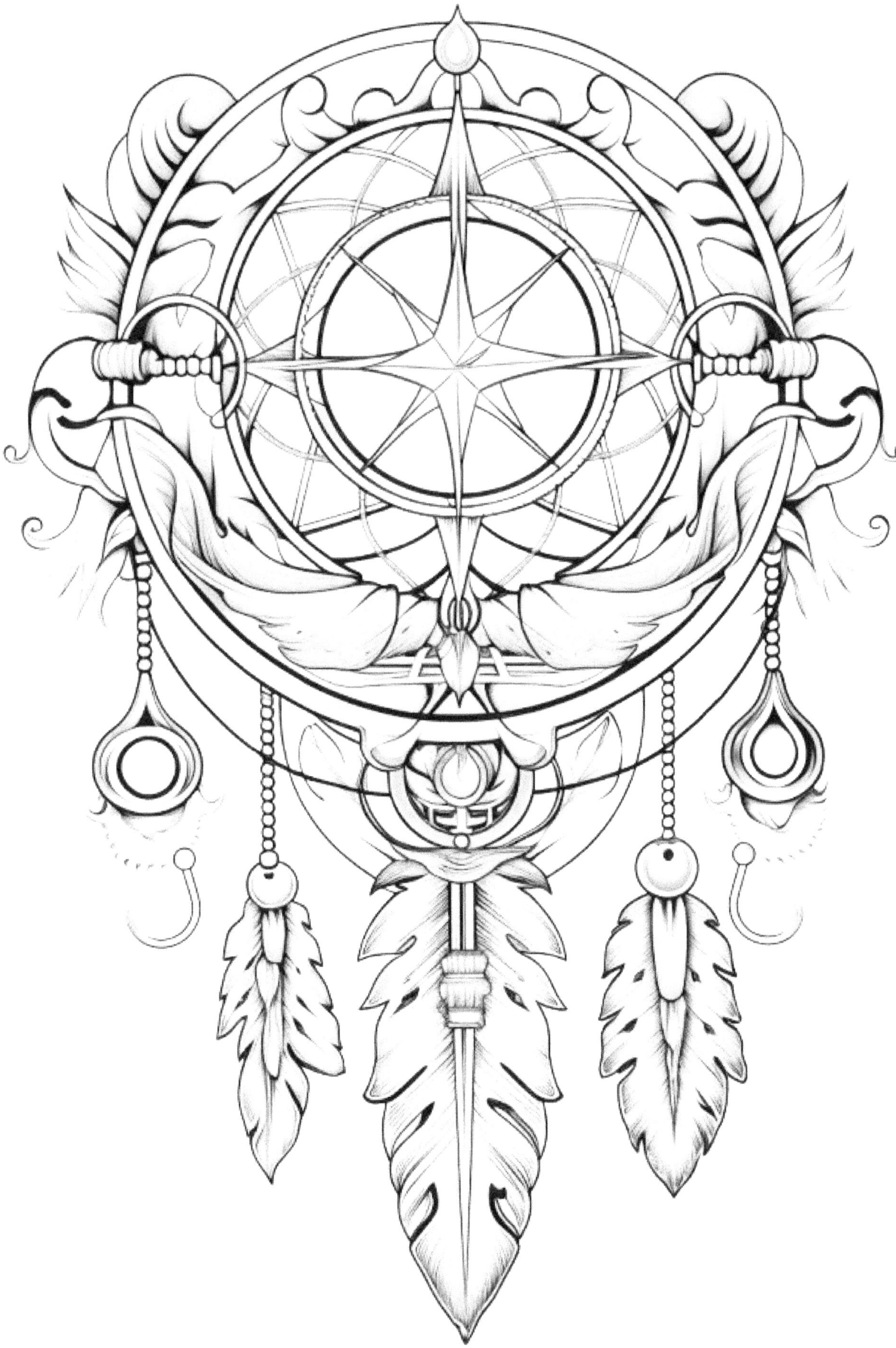

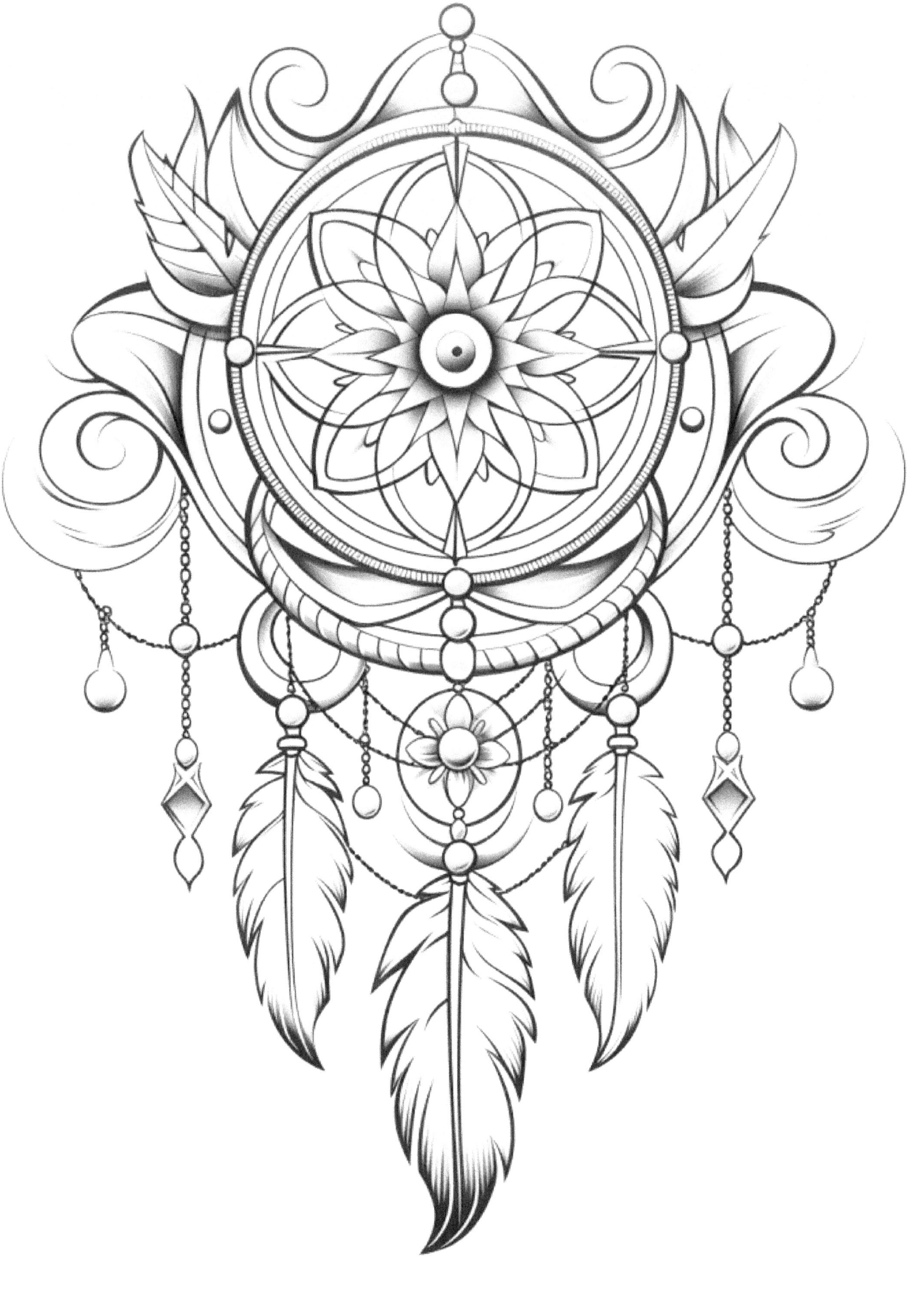

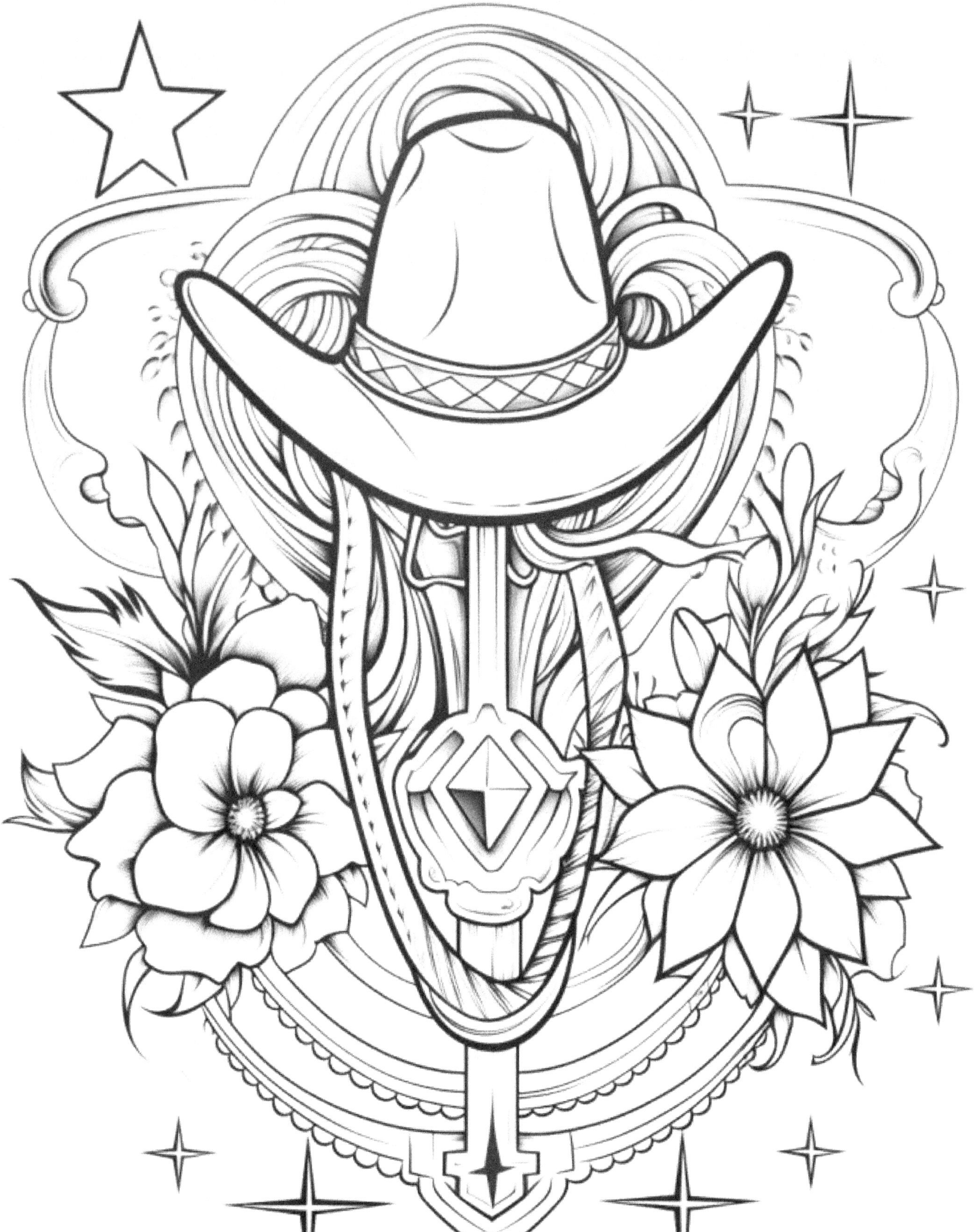

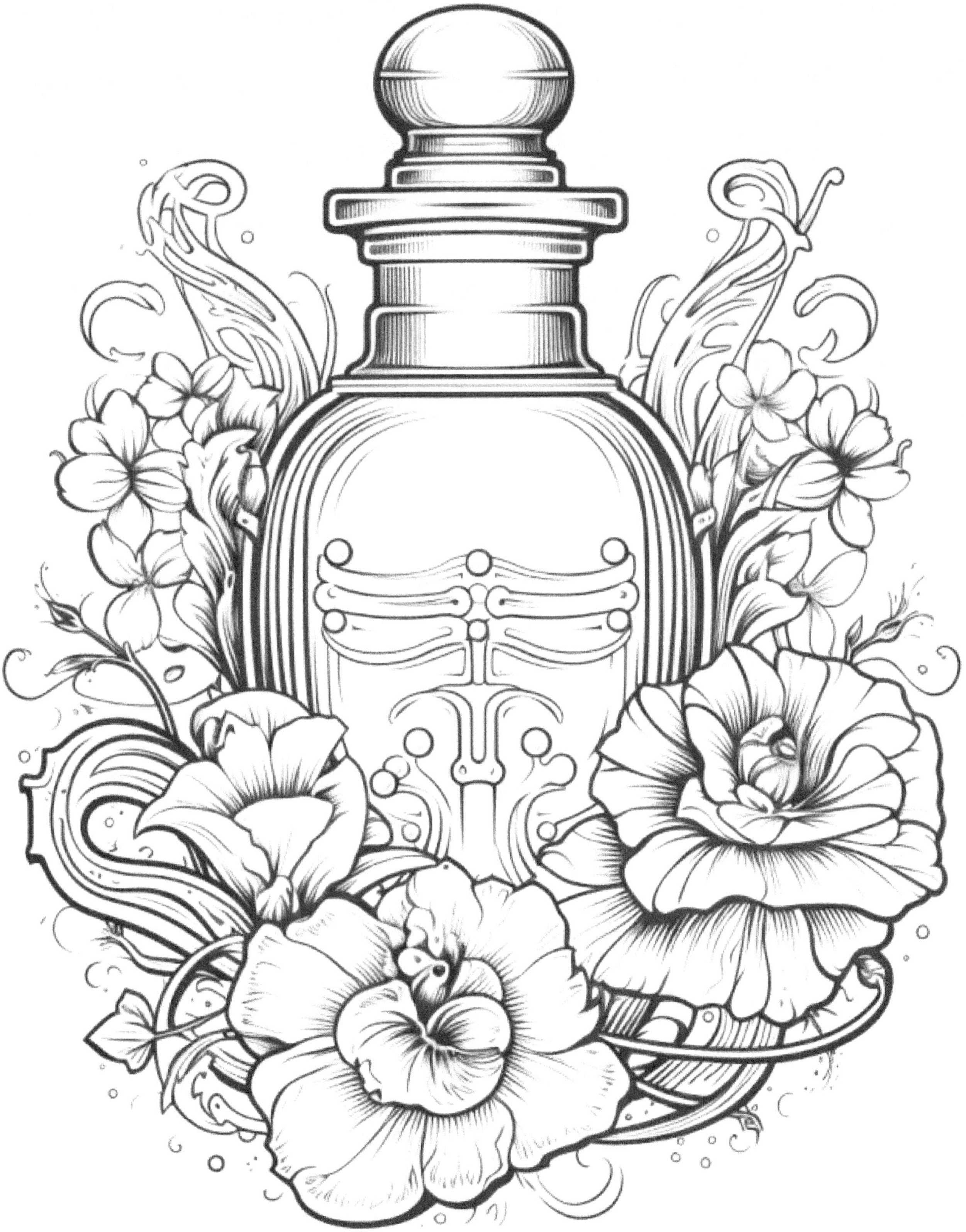

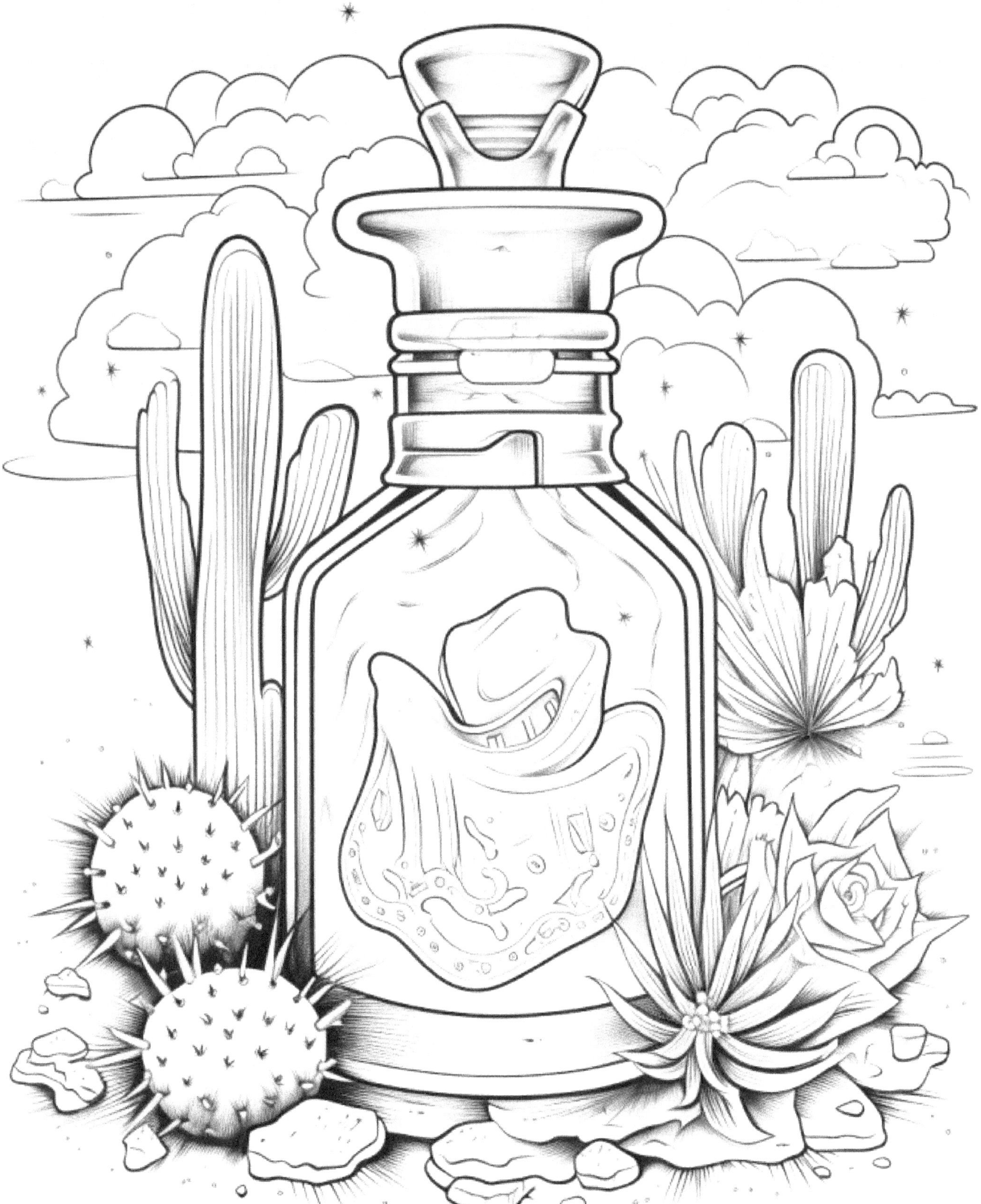

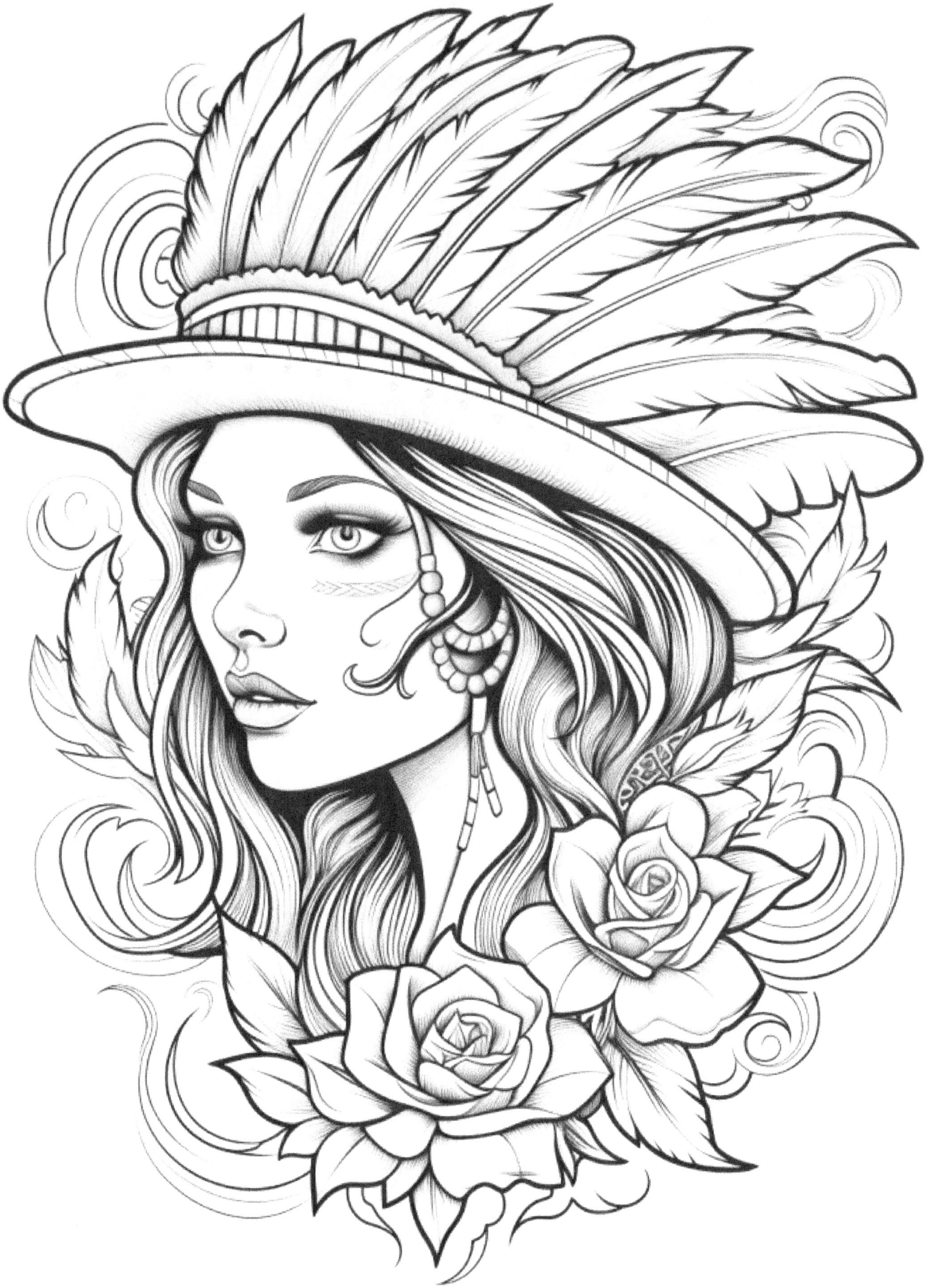

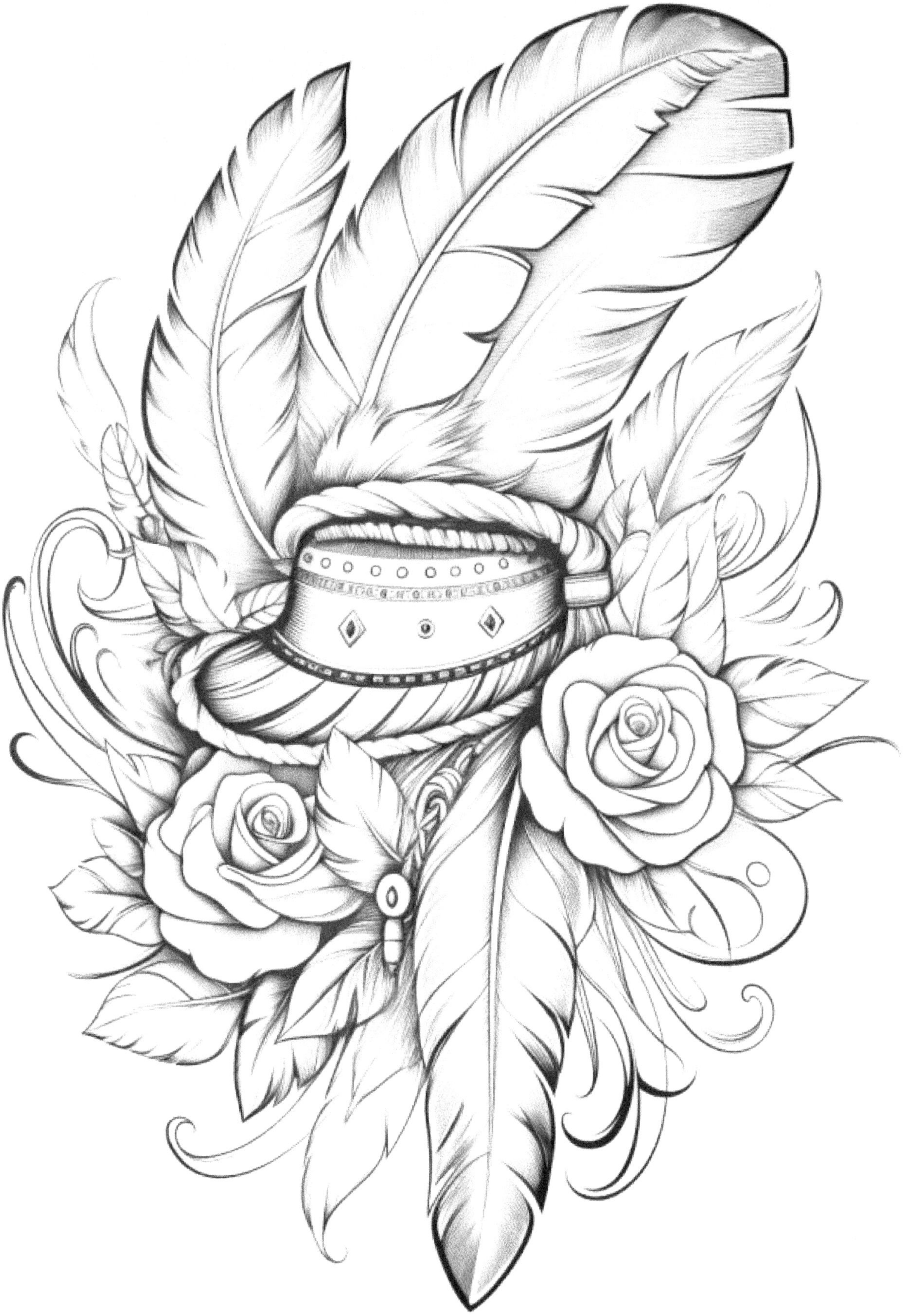

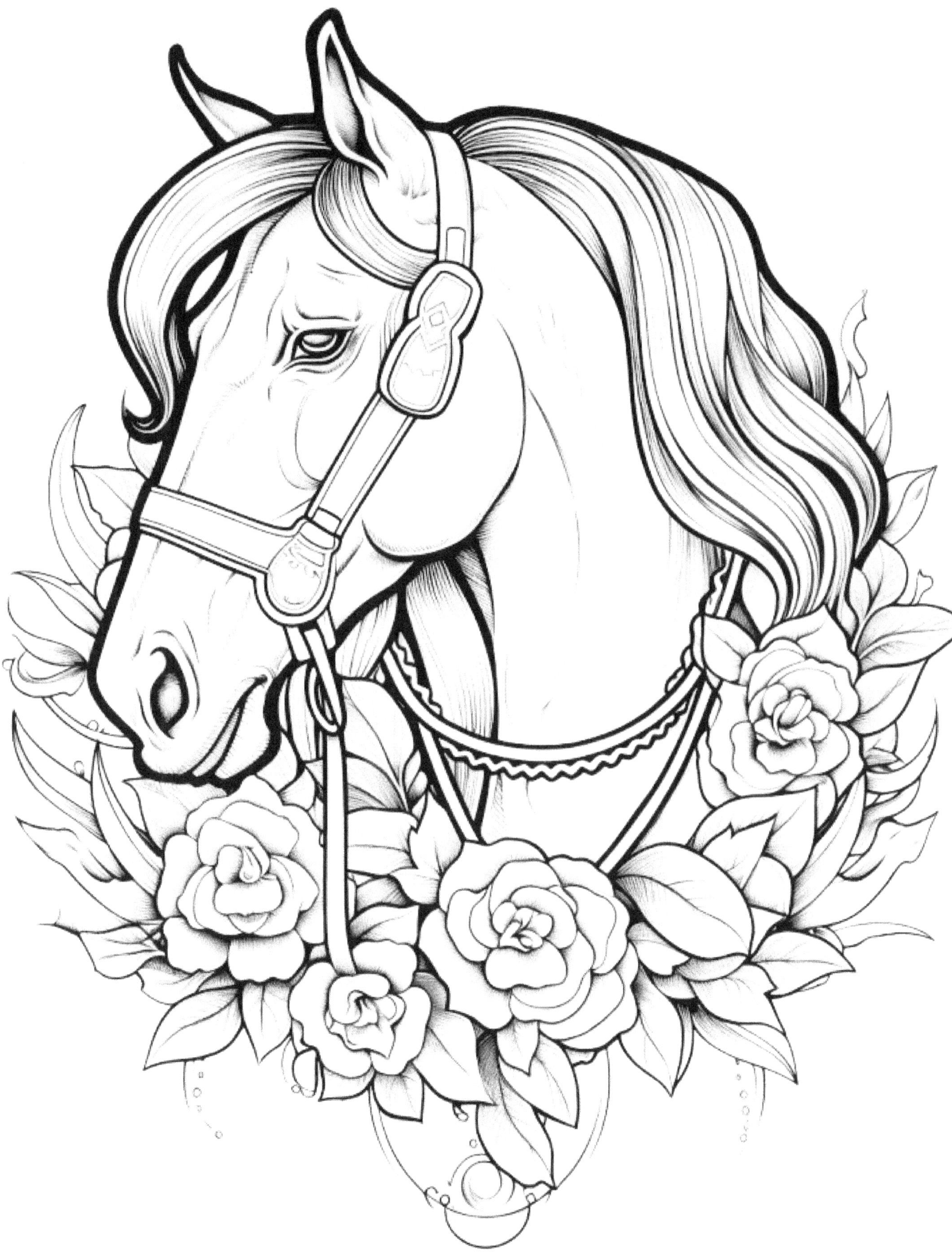

www.ingramcontent.com/pod-product-compliance
Lightning Source LLC
Chambersburg PA
CBHW080110010626
45794CB00016B/3635
* 9 7 9 8 8 6 4 3 3 1 4 4 6 *